CICELY SAUNDERS • STERBEN UND LEBEN

T V Z

CICELY SAUNDERS

STERBEN

UND LEBEN

Spiritualität
in der
Palliative Care

Aus dem Englischen von
Martina Holder-Franz

T V Z
Theologischer Verlag Zürich

Gedruckt mit freundlicher Unterstützung der Karitativen Stiftung
Gerber-ten Bosch und der Reformierten Landeskirche des Kantons Aargau.

Die englische Originalausgabe ist unter dem Titel «Watch with Me.
Inspiration for a life in hospice care» 2003 bei Mortal Press erschienen.
© 2003 Cicely Saunders

Die Deutsche Bibliothek – Bibliografische Einheitsaufnahme
Die Deutsche Bibliothek verzeichnet diese Publikation in der Deutschen
Nationalbibliografie; detaillierte bibliografische Daten sind im Internet über
http://dnb.ddb.de abrufbar.

Umschlaggestaltung, Satz und Layout: Mario Moths, Marl

Druck: ROSCH-BUCH GmbH, Scheßlitz

ISBN 978-3-290-17534-4
© 2009 Theologischer Verlag Zürich
www.tvz-verlag.ch

INHALT

CICELY SAUNDERS: STERBEN UND LEBEN – SPIRITUALITÄT IN DER PALLIATIVE CARE

VORWORT
von Martina Holder-Franz

Todkranken Menschen beistehen, eine palliative Medizin und Pflege entwickeln, die nicht nur das Sterben erleichtert, sondern diese Menschen auch wirklich auf ihrer letzten irdischen Wegstrecke begleitet – das war das pionierhafte Lebenswerk der englischen Pflegespezialistin und Ärztin Cicely Saunders. Für sie stand der leidende Mensch mit seinen Nöten und Ängsten, aber eben auch mit seinen Stärken und seiner eigenen Spiritualität im Zentrum. Cicely Saunders hat der palliativ-medizinischen Forschung und Pflege Impulse gegeben wie sonst kaum jemand. Eine weltweit wachsende Anzahl von spezialisierten Sterbehospizen und eine erfolgreiche und lebendige Schmerzforschung zeugen davon. Die hier erstmalig ins Deutsche übertragenen Reden und Essays erzählen von der Gründung ihres Hospizes, von Begegnungen mit sterbenden und doch hoffnungsvollen Menschen, von einem eindrücklichen Ethos der Menschlichkeit und von der tiefen Religiosität der Autorin. Sie zeigen, wie sehr die Gründerin des Londoner Sterbehospizes St. Christopher's dabei selbst aus den Quellen einer christlichen Spiritualität und Ethik geschöpft hat. Es sind persönlich gehaltene, konkret erzählte und zugleich tiefgehende Texte. Wer beruflich oder privat einen Menschen beim Sterben begleitet und dabei mit den Fragen nach Trost und Sinn, nach dem Leiden und dem Tod konfrontiert ist, wird diese Reden und Essays mit Gewinn lesen. Ein kurzer Blick auf die Biografie der Autorin mag den Einstieg erleichtern.

Cicely Saunders wurde 1918 in Südengland geboren, wo sie zusammen mit zwei Brüdern aufwuchs. Nach der Schulzeit entschloss sie sich, in Oxford Politik, Ökonomie und Philosophie zu studieren. Als der Zweite Weltkrieg ausbrach, gab Saunders gegen den Willen ihrer Eltern und Tutoren ihr Studium auf und trat in die renommierte Schwesternschule von Florence Nightingale ein. Die Arbeitsbedingungen waren hart, aber der direkte Umgang mit den Kranken gefiel ihr. Wenige Tage vor der Abschlussprüfung machte ihr ein Arzt klar, dass sie wegen eines Rückenleidens, an dem sie seit ihrer Kindheit litt, den Pflegeberuf nicht werde ausüben können. Saunders entschied sich daraufhin, ihre Liebe zur Krankenpflege mit einem anderen Beruf zu kombinieren: So studierte sie in Oxford Sozialarbeit, schloss mit einem Diplom und einer Preisauszeichnung ab, und fand bald im Londoner St. Thomas's Hospital ihre erste Stelle als medizinische Sozialarbeiterin. Sie betreute dort vorwiegend an Krebs erkrankte Menschen.

Cicely Saunders war zwar Mitglied der anglikanischen Kirche, aber sie war nicht wirklich religiös. Erst die Begegnung mit kranken Menschen führte sie dazu, nach religiöser Orientierung zu suchen. In Oxford schloss sie sich der Socratic Society an, in der Atheisten, Agnostiker und Christen unter der Leitung des Schriftstellers C. S. Lewis miteinander debattierten. Entscheidend wurde für sie eine Ferienreise mit Freundinnen, während der sie ihre erste Christuserfahrung hatte.

Kurze Zeit danach meldete sich Cicely Saunders im St. Luke's Hospital, um dort als freiwillige Mitarbeiterin kranke Menschen zu besuchen. Ein Arzt dieses Spitals, der sich für regelmässige Schmerzmittelabgabe einsetzte, ermutigte sie, Medizin zu studieren. 1957 bestand sie ihre Examen, wiederum mit Auszeichnung. Bald schon veröffentlichte sie erste Artikel zu einer Definition von Schmerz, welche die Palliativ-Medizin später als «total pain» bezeichnen wird. Saunders arbeitete nun in der Schmerzforschung und kam dabei in Kontakt mit dem St. Joseph's Hospice in London. Dort pflegten katholische Ordensfrauen aus Irland schwerkranke und sterbende Menschen. Die Kombination von Forschung und Begleitung kranker Menschen sensibilisierten sie für die Situation und Nöte von Menschen, die keine Hoffnung auf

Heilung mehr hatten. Für solche Menschen wollte Saunders nun einen Zufluchtsort schaffen. Wenn sie später gefragt wurde, was denn für die Gründung ihres Hospizes ausschlaggebend gewesen sei, so antwortete sie jeweils, die Kranken hätten ihr den Weg gezeigt. Leise aber bestimmt fügte sie jeweils hinzu, dass sie auf diesem Weg immer wieder Christus begegnet sei und dass sie glaube, sie erfülle mit dieser Arbeit Gottes Willen.

Nun begann Cicely Saunders, ihre Vision in die Tat umzusetzen. Es gelang ihr, einflussreiche Fachpersonen aus Kirche, Wissenschaft, Gesellschaft und Politik dafür zu gewinnen. Die 500 Pfund Startkapital eines jüdisch-polnischen Patienten mussten jedoch um ein Vielfaches aufgestockt werden, damit die konkrete Planung weitergehen und ein Hospiz realisiert werden konnte. 1967 wurde das St. Christopher's Hospice mit einer Kapazität von 120 Betten eröffnet. Von Anfang an war ein Forschungs- und Weiterbildungszentrum angegliedert, denn neuste Erkenntnisse der Schmerzkontrolle, der Pflege, der Seelsorge und Therapie sollten hier zusammenkommen und weiterentwickelt werden.

Inwiefern konnte und sollte auch die christliche Perspektive in der zukünftigen Palliative-Arbeit sichtbar werden? Saunders wusste um die Bedeutung von Seelsorge und geistlicher Begleitung, deshalb plante sie an einer zentralen Stelle im Hospiz auch eine Kapelle. Eigentlich schwebte ihr eine Art christliche Kommunität vor, und später nannte sie St. Christopher's Hospice eine «community of the unlike» – Gemeinschaft der Ungleichen. Damit wurde auch deutlich, dass dieses Haus für Saunders eine grosse Offenheit bewahren musste. Alle Menschen, unabhängig von ihrer Glaubensüberzeugung, sollten aufgenommen werden und sich getragen fühlen. Bei all dieser Offenheit aber scheute sie sich nicht, ganz selbstverständlich mit Patientinnen und Patienten zu beten, ihnen ein Psalmwort oder ein geistliches Gedicht vorzulesen. Die hier vorliegenden Reden und Essays zeigen, dass Saunders Frömmigkeit mit zunehmendem Alter von christlich-mystischen Einflüssen geprägt wurde.

Neben ihrer Arbeit im Hospiz engagierte sich Cicely Saunders auch in ethisch-politischen Debatten. Ihre Haltung war eindeutig: Man müsse alles tun, um schwerkranken Menschen so beizustehen, dass sie bis zuletzt Lebensqualität erfahren könnten. Sterben war für sie ein würdevoller Prozess, für den es neben dem sinnvollen Einsatz von Medikamenten Zeit, Nähe, Fantasie und Hingabe brauche. In aller Schärfe lehnte sie jedoch eine Legalisierung aktiver Sterbehilfe ab, denn sie befürchtete, dass dadurch alte, kranke oder pflegebedürftige Menschen unter Legitimationsdruck kämen. In einem Fernsehinterview kurz vor ihrem Tod sagte sie, dass die Debatte in England viel zu kurz greife, wenn es nur um die Forderung

gehe, Menschen Leiden zu ersparen und zudem Kosten zu reduzieren. Denn Kranke und Schwache verursachten nicht bloss Kosten; sie hätten mit ihren Erfahrungen den Gesunden auch viel zu geben.

Zwischen 1960 und 1993 wurde Saunders mehr als fünfzehnmal mit einem Ehrendoktorat ausgezeichnet. 1980 heiratete sie den polnischen Maler Marian Buhusz-Skysko. Cicely Saunders starb 2005 in St. Christopher's, ihrem Wunsch entsprechend, ihre letzten Wochen dort zu verbringen, wo sie ein Leben lang Menschen im Sterben begleitet hatte.

Die vorliegende Auswahl enthält einige der wichtigsten Texte von Saunders. Die englische Originalausgabe geht auf David Clark zurück, den Leiter des Forschungszentrums ‹End of Life-Care›, Lancaster, der das Saunders-Archiv betreut und bereits zuvor mehrere ihrer Publikationen editorisch begleitet hatte. Sein Vorschlag war es, exemplarisch für jede Schaffensepoche einen markanten Text auszuwählen, die alle zusammen den spirituellen Werdegang nachzeichnen. So entstand die vorliegende Publikation aus der Überzeugung heraus, die David Clark in seinem Vorwort zur englischen Ausgabe folgendermassen formuliert: «Ob man diese hier beschriebenen Überzeugungen teilt oder nicht, dies ist ein Buch, welches jede Person, die sich mit der Begleitung sterbender Menschen auseinandersetzt, lesen sollte.»

Ich danke Niklaus Peter für seine Unterstützung wie auch David Clark, der diese Übersetzung sehr begrüsst.

«WATCH WITH ME» –
WACHET MIT MIR! (1965)

Der Vortrag wurde anlässlich der Generalversammlung des Fördervereins von St. Christopher's Hospice gehalten,[1] zwei Jahre vor der Eröffnung des Hospizes. Im Satz «Watch with me» fasst Cicely Saunders zusammen, was für die Einrichtung des Hospizes ausschlaggebend war und was auch in späteren Jahren die Grundmotivation für ihre Arbeit blieb.

---

1   Unter dem Titel *Watch with me* zuerst publiziert in:
    Nursing Times, November 1965 (Bd. 61, Nr. 48),
    S. 1615–1617.

Was wird das tragende Fundament des St. Christopher's Hospice sein? Man kann diese Frage verschieden beantworten. Man kann sagen: das Interesse für dieses Haus und die finanzielle Unterstützung, die uns zugesagt und auch gegeben wurde. Beides hat die Grundsteinlegung und den ganzen Bau ermöglicht. Man kann auf all die Arbeit hinweisen, die bereits vor uns auf diesem Feld geleistet worden ist, auf die wir uns stützen und mit der wir weiterbauen können.

Man kann auch an all jene Menschen denken, die sich seit jenem ersten Moment vor siebzehn Jahren mit ihrer Anteilnahme, ihren Gebeten und ihrem Einsatz für St. Christopher's engagiert haben.

Für mich, das werden Sie alle wissen, stellen Patientinnen und Patienten das wichtigste, das tragende Fundament unseres Hospizes dar, all jene, die wir gekannt haben und die diesen Lebensabschnitt schon sicher hinter sich haben. Eine von diesen Patientinnen sprach für alle, als ich ihr von unseren Planungssitzungen erzählte, sie sagte nämlich jedes Mal: «Ich werde dabei sein.» Heute will ich den Blick auf dieses tragende Fundament richten, indem ich einen Satz genauer betrachte, der meiner Überzeugung nach unsere Ideale in St. Christopher's zum Ausdruck bringt.

Ideale und Ziele von St. Christopher's

Der wichtigste Grundstein für unsere Arbeit steckt sicher in jenen schlichten Worten von Jesus im Garten Getsemani, in denen all die Nöte und Bedürfnisse Sterbender zusammengefasst sind: «Wachet mit mir!» (Markusevangelium 14,34) Das eine Wort «wachet» sagt auf unterschiedlichen Ebenen vieles, was für uns von Bedeutung ist.

Zuallererst verlangt «wachet», dass all unsere Arbeit in St. Christopher's aus der Achtung für den einzelnen Patienten und aus dem Wahrnehmen seiner Nöte herauswächst. Zu wachen heisst, ihn wirklich wahrzunehmen, zu merken, *welcher* Schmerz ihn plagt, *welche* Symptome es sind, und von dieser Wahrnehmung aus Wege zu finden, um ihm Erleichterung zu schaffen. Das schliesst mit ein, dass wir stets neue Methoden der Schmerzlinderung suchen und gleichzeitig jene weiterentwickeln, die wir vom St. Luke's Hospital, aus den Schriften von Dr. Howard Barrett wie auch vom St. Joseph's Hospice übernommen haben und die wir dann im Gespräch mit Menschen hier oder in den USA weiterentwickelt haben. Nicht an einem Ort allein, sondern an vielen verschiedenen Orten hat man sich mit diesen Fragen beschäftigt. Unser Anliegen ist es nun, die dadurch gewonnenen unterschiedlichen Erkenntnisse zusammenzuführen und in diesem bislang stark vernachlässigten Bereich neue Methoden und Möglichkeiten zu entwickeln.

Nicht nur Fachwissen, sondern auch Empathie

Unser Plan ist es also, die Forschung zur Linderung von Schmerzen so konzentriert voranzutreiben, wie das bisher, so weit ich informiert bin, noch nicht versucht worden ist.

Wie Patientinnen und Patienten Linderung finden, das können wir besser zusammen und in einer eigens dafür geschaffenen Einrichtung lernen. Durch dieses gezielte Lernen wird nicht nur unseren Patientinnen und Patienten geholfen, wir hoffen vielmehr, dadurch generell die Standards in diesem spezialisierten Bereich von Pflege und Begleitung zu verbessern und so auch einen grösseren Personenkreis dafür zu sensibilisieren. Ich erinnere mich an eine junge Patientin, die einmal zu mir sagte: «Sie scheinen den Schmerz von *beiden* Seiten her zu verstehen.» Unser Ziel bei der Suche nach einem solch doppelten Verstehen ist es, Patienten Erleichterung zu verschaffen. Eine andere Frau beschrieb ihre Erfahrung folgendermassen: «Es war der totale Schmerz, aber jetzt ist er weg und ich bin frei.»

Vor siebzehn Jahren hat ein junger Pole bei seinem Tod 500 Pfund hinterlassen mit dem Wunsch: «Mache daraus ein Fenster in deinem Haus.» Das war der Anfang von St. Christopher's. Ich erinnere mich, wie er sagte: «Was du in deinem Kopf und in deinem Herzen trägst, genau das wünsche ich mir.» Dasselbe drückte Jahre später ein anderer polnischer Mann mit ähnlichen Worten aus: «Vielen Dank. Und nicht nur für die Tabletten, sondern auch für Ihr Herz.» Ich denke, diese Aussagen zeigen, dass beide Patienten nicht nur Fachwissen brauchten, sondern auch Empathie. Sie brauchten Wärme und Freundschaft genauso wie fachlich angemessene Pflege. Unser Verständnis von dem, was «Wachet mit mir!» heisst, muss genau das mit einschliessen.

Wir müssen tatsächlich wissen, wie Schmerzen sich entfalten und sich auswirken. Noch wichtiger aber ist es zu spüren, wie es einem Todkranken zumute ist, wenn er von seinem Leben und allem Tun Abschied nehmen muss, wenn er fühlt, dass seine Kräfte versagen, dass er geliebte Menschen und seine Aufgaben loslassen muss. Wir haben zu lernen, wie wir *mit unseren Patienten mitfühlend* sein können, ohne uns *wie* sie zu fühlen. Denn nur so können wir ihnen jene Aufmerksamkeit und Unterstützung geben, die sie brauchen, um ihren eigenen Weg durch das Leiden hindurch zu finden. Hier nochmals ein Kernsatz eines Patienten, den ich schon des Öfteren zitiert habe: «Ich suche eine Person, die mich in meiner Lage wirklich versteht.» Diese Patientinnen und Patienten suchen nicht Mitleid und übertriebene Nachsicht. Vielmehr sollten wir ihnen mit Respekt begegnen und von ihnen auch Mut erwarten. Das habe ich von einer Frau gelernt, die mir damals sagte: «Sie können allen sagen, dass nun alles in Ordnung ist.» Diese Frau machte keine aussergewöhnliche, dramatische oder unglückliche Erfahrung, die man mit Sentimentalität oder Sensationslust beschreiben könnte. Sie machte eine ganz gewöhnliche menschliche Erfahrung, die ganz gewöhnliche Menschen immer wieder gemacht und durchlebt haben.

«Ich will nicht sterben»

Wir werden Menschen auf ihrem Lebensweg begegnen, die von der ehrlichen, aber wehmütigen Bitte: «Ich will nicht sterben, ich will nicht sterben», hin zum stillen Annehmen gelangen: «Ich will allein, was richtig ist.» Wir werden nicht nur dem Hinnehmen, sondern auch wirklicher Freude und der echten Heiterkeit jener begegnen, die durch Zweifel, Angst und Widerstand hindurchgegangen und auf der anderen Seite des Tunnels herausgekommen sind. Ich erinnere mich an einen Patienten, den ich über längere Zeit begleitet habe. Eine Stunde bevor er starb, sah er gelassen, man könnte fast sagen: heiter aus. Manchmal werden wir ohne Zweifel schwierige Situationen erleben, aber wir werden auch erfahren, wie unsere Patientinnen und Patienten Dankbarkeit ausstrahlen, wie sie Weisheit gewinnen und positive Erfahrungen machen. Ja, wir werden bei ihnen ausserordentlich oft echtes Glück und Momente von Unbeschwertheit sehen.

Bei der Planung eines solchen Hospizes ist es nicht damit getan, zu «wachen» – in allen Facetten seiner Bedeutung. Lehre und Forschung gehören als ein vitaler Bestandteil mit dazu. Wir wollen, dass St. Christopher's zu einem Ort wird, an den Menschen kommen können, um an unseren Erfahrungen teilzuhaben und mit uns zusammen von unseren anderen Patientinnen und Patienten zu lernen. Das bedeutet keineswegs unnötig viel Unterricht am Krankenbett: Es bedeutet, ihnen Interesse und Aufmerksamkeit zu schenken. Geschieht dies unaufdringlich, werden sie es zu schätzen wissen, dies jedenfalls ist meine Erfahrung. Sie können sogar einen neuen Sinn entdecken in dem, was ihnen widerfährt, und realisieren, was sie selbst beitragen können. Nicht alle von ihnen werden Heilige sein, aber einige von ihnen, und wir werden es als Privileg empfinden, dass sie zu uns gekommen sind und uns geholfen haben.

Andere wiederum werden uns ziemlich lästig werden. Aber jetzt die verschiedenen Krisen zu beschreiben, die wir dann durchzustehen haben, dazu fehlt mir die Zeit. Wer kann denn schon sagen, wer es besser macht? Der, dessen Sterbetage die Krönung eines hingebungsvollen Leben sind? Das junge Mädchen, das die ganze Abteilung für Wochen in einen einzigen Partyraum verwandelt und dabei nicht zeigen kann, wie schwierig all das für sie ist? Oder der ältere Herr, der es in seinen letzten Tagen schafft, sein Hadern aufzugeben?

Gewiss, wir werden immer wieder von unseren Patientinnen und Patienten lernen und einiges wird unsere zukünftigen Mitarbeitenden überraschen und verblüffen. Unsere Arbeit wird nicht nur ernst und traurig sein. Ich würde eher sagen, dass sie in einem echten Sinne ‹real› sein wird, und zur Realität gehört sowohl Heiteres, Lustiges wie auch Ernstes. Es wird uns sicherlich nicht langweilig werden.

«Bleibt da»

«Wachet mit mir», das bedeutet mehr als das Lernen von Pflegetechniken, mehr als unsere Anstrengung, auch seelisches Leiden und Einsamkeit zu begreifen, mehr als unsere Bemühungen, Gelerntes und Erfahrenes weiterzugeben. «Wachet mit mir» meint auch, aushalten zu können, was wir nicht verstehen. Es bedeutet nicht: ‹Versteht doch endlich›, und noch weniger bedeutet es ‹Erkläre!› oder ‹Nimm es weg!›. Wie stark wir auch Schmerz und Not lindern oder Patientinnen und Patienten dabei helfen können, selbst einen Sinn in dem zu finden, was sie gerade erleben, immer wird es Situationen geben, in denen wir innehalten und realisieren müssen, dass wir wirklich hilflos sind. Es wäre schlimm, wenn wir das vergessen würden. Es wäre falsch, dies zu negieren und uns der Illusion hinzugeben, wir seien in allen Situationen erfolgreich. Gerade wenn wir erfahren, dass wir absolut nichts mehr tun können, müssen wir bereit sein dazubleiben.

«Wachet mit mir» meint also meistens einfach: ‹Bleibt da.› Ich erinnere mich, wie eine Patientin von jenen sprach, die sie als besonders wohltuend erlebte: «Sie lassen mich einfach nie im Stich, sie kommen immer wieder.» Und ich erinnere mich auch, wie sie ihre Gottesbegegnung beschrieb: «Gott schickt Menschen zu mir.» Ich bin mir ziemlich sicher, dass St. Christopher's zu einem Ort werden muss, an dem Menschen erfahren, dass sie nicht im Stich gelassen werden, ein Ort, an dem sie jenes Gefühl der Sicherheit und des Vertrauens finden, das durch Treue entsteht.

Von diesen Anforderungen ausgehend, wird besonders deutlich, wie notwendig es ist, dass wir zu einer echten Gemeinschaft zusammenwachsen, und wie wichtig, dass wir zu einer Gruppe von Menschen werden, die Vertrauen zueinander haben. St. Christopher's sollte eine Art Familie, eine Art Zuhause sein, das die Ausstrahlung eines einladenden und gastfreundlichen Hauses hat. In einem solchen Zuhause werden sich Menschen angenommen und sicher fühlen können. Es muss ein Ort werden, an dem alle wissen: Jeder individuelle Beitrag zählt! Es gibt keine festgeschriebene Hierarchie von Wichtigem und Unwichtigem! Wer kann denn schon beurteilen, wer oder was für Patientinnen und Patienten mit ihren vielfältigen Nöten jetzt besonders wichtig ist? Denn sie werden ja von verschiedenen Mitgliedern unserer Gruppe betreut. Es gibt so etwas wie einen empathischen Pragmatismus, der sich an einem solchen Ort entwickelt. Nur so werden die einzelnen, oft an ihre Grenzen stossenden Mitarbeiter nicht von ihrer grossen Verantwortung erdrückt.

Die Gemeinschaft aller Menschen

Mit all dem Gesagten dürfte deutlich geworden sein, wie notwendig ein religiöses Fundament für St. Christopher's ist. Wir dürfen nicht vergessen, dass wir zu der viel grösseren, weltweiten Kirche gehören, zu der Gemeinschaft aller Heiligen und damit zu der Gemeinschaft aller Menschen. Deshalb ist St. Christopher's ökumenisch offen und nicht konfessionell gebunden. Wir werden alle Menschen willkommen heissen, so wie auch Mitarbeitende aus ganz verschiedenen religiösen Traditionen bei uns arbeiten können. Wir sagen nicht, dass es nur einen Weg gibt. Vielmehr sind es immer verschiedene Menschen, die auf verschiedenen Wegen zu uns kommen.

«Wachet mit mir» erinnert uns auch daran, dass wir die tiefe Bedeutung dieser Worte nicht verstanden haben, wenn wir nicht die Präsenz von Christus in jeder Patientin und jedem Patienten wahrgenommen haben und ebenso in jenen, die wachen. Vergessen wir nicht, dass Christus mit allen Leidenden eins ist, und dies gilt für alle Zeiten, ob sie es erkennen oder nicht. Und wenn wir mit ihnen wachen, dann wissen auch wir, dass er da ist, dass er jetzt für immer da sein wird und dass seine Gegenwart erlösend ist.

Eine alte Wahrheit, neu interpretiert

Wir helfen Patientinnen und Patienten auf ihrem Weg durch diesen Abschnitt des Lebens nicht, wenn wir verschweigen, dass es manchmal sehr hart und sehr schwierig werden kann. Wir sind nicht ehrlich, wenn wir vage und unbestimmt von Unsterblichkeit und ‹Weiterleben› reden – und nicht vom Tod und von der Auferstehung sprechen. Sterben und Wiedergeborenwerden, das war das zentrale Thema menschlicher Religion von allem Anfang an. Für Christen ist dies ein für alle Mal zusammengefasst und wahr geworden in Christus selbst. Es ist entscheidend wichtig, dass diese Botschaft in jeder erdenklichen Weise in St. Christopher's bezeugt wird, gerade weil sie für die meisten Zeitgenossen in Grossbritannien fast keine Bedeutung mehr hat. Geoffrey Gorer beschreibt dies eindrücklich in seinem Buch *Death, grief and mourning in contemporary Britain*. Es handelt sich um eine Wahrheit, die wieder neu interpretiert werden muss, und zwar so, dass sie für alle Menschen relevant wird, die zu uns kommen: für die Patientinnen und Patienten, für ihre Familien und für Besucher. Vielleicht wäre das unser Beitrag zu einer ‹neuen Theologie›, dass wir bereit sind, *diese* Wahrheit, *diese* Person zu sehen, so wie sie uns im heutigen Menschen begegnet.

Symbole und Sakramente

Christus ist gegenwärtig in aller Pflegekunst, die wir erlernen und praktizieren werden, er wird auch in vielerlei Symbolen und Sakramenten präsent sein. Dies schliesst das ‹Sakrament› des Wasserbechers und der Fusswaschung durch die Jünger mit ein. Das alles wird unseren Patientinnen und Patienten – ohne Worte – von Gottes Liebe erzählen. Desgleichen auch die ganze Gestaltung des Gebäudes, die sorgfältig und mit viel Einfühlungsvermögen mit unserem Architekten zusammen geplant wurde. Ganz besonders wird, so denke ich, Gottes Liebe im Entwurf unserer Kapelle, in den Bildern, Symbolen und in der speziell für uns geschaffenen Skulptur ersichtlich. Die Künstler, die uns ihre Werke schenken, teilen den Glauben mit uns. Es ist so wichtig, dass diese Botschaft in ganz verschiedenen Formen und Weisen bezeugt wird. Ich habe immer wieder erlebt, wie empfänglich Patienten für Bilder und Kunstwerke sind, gerade wenn sie nicht mehr über ihre Situation sprechen wollen oder können. Generell ist es wichtig, dass wenig gesprochen wird, denn es geschieht leicht, dass dabei die eigentliche Botschaft übertönt wird.

Ein grosser Teil unserer Kommunikation mit Menschen geschieht ohne Worte, und dies ganz besonders bei schwerkranken Menschen. Eine Patientin sagte bald nach ihrer Aufnahme: «Es ist wunderbar, ich fange an, mich wieder sicher zu fühlen.» Sie spürte eine Atmosphäre, in der gerade solche Dinge eine erhebliche Rolle spielen, genauso wie sie ein Gefühl der Sicherheit über die Pflege und medizinische Versorgung erfahren hat. In einer solchen Atmosphäre findet diese Patientin auch wieder ihre eigene Mitte und Ruhe. Wir werden Patientinnen und Patienten erleben, die zum ersten Mal auf Dinge hören, die vielleicht schon lange zu ihnen gesagt worden sind, denen sie aber nie wirkliche Aufmerksamkeit schenken konnten. Beeindruckt hat mich immer wieder, wie Patientinnen und Patienten im St. Joseph's Hospice Bilder oder ein Kruzifix betrachten konnten – und wie viel es ihnen sagte. Es ist sehr wichtig, dass solche Werke geschaffen werden von Künstlerinnen und Künstlern, welche die religiöse Botschaft im Kontext unserer heutigen Welt interpretieren. Und ich bin sehr glücklich, dass dieses zunehmende Interesse an Kunst in St. Christopher's wiederum auf einer Verbindung mit Polen beruht, einer Verbindung, die von Anfang an für die Entstehung dieses Hauses wichtig war.

«Meine Koffer sind gepackt»

Wir alle erinnern uns an die Worte von Papst Johannes XXIII.: «Meine Koffer sind gepackt und ich kann jederzeit gehen mit einem ruhigen Herzen.» In diesem Sinne sollten wir für Patientinnen und Patienten beten, die zu uns kommen. Wir denken dabei an jene, die schon krank, gebrechlich oder einsam sind und sich mit dem Sterben auseinandersetzen. Andere sind zu beschäftigt und ahnen von ihrer bevorstehenden Krankheit noch nichts. Vielleicht finden sie den Sinn ihres Daseins erst durch einen solch tiefen Einschnitt in ihrem Leben. Wir sollten darum beten, ihnen dabei helfen zu können, dass sie ihre Koffer mit den richtigen Dingen packen, mit den Dingen, die sie wirklich brauchen; dass sie in der Zeit, in der sie bei uns sein werden, auch das finden, was sie für ihre letzte Wegstrecke an Versöhnung, Erfüllung und Sinn nötig haben.

Still sein, zuhören, da sein

Ich habe versucht, all die Herausforderungen unseres geplanten Werkes in einer Auslegung der biblischen Worte «Wachet mit mir» zusammenzufassen. Die wichtigste Grundlage für St. Christopher's ist die Hoffnung. Die Hoffnung nämlich, während unseres «Wachens» immer besser zu lernen, wie wir unsere Patientinnen und Patienten von ihren Schmerzen und Nöten befreien können, wie wir sie besser verstehen und so aus ihrer Einsamkeit befreien können, und auch, wie wir schweigen, wie wir zuhören und einfach da sein können. Wenn wir das lernen, werden wir auch merken, dass die wirkliche Arbeit nicht durch uns allein geleistet wird. Wir bauen für sehr viel mehr als nur für uns selbst. Wenn das unser innerstes Anliegen ist, dann werden wir realisieren, dass dies wirklich ein Werk zur grösseren Ehre Gottes ist.

GLAUBE (1974)

1974 hielt Cicely Saunders eine Vorlesung in der Kathedrale von Guildford zum Thema Glaube.[1] Saunders sprach von ihren Schwierigkeiten, sich diesem Thema zu nähern. Sie zog Aussagen und Erlebnisse ihrer Patientinnen und Patienten heran, um von Glaubenserfahrungen zu berichten, die sie zum Verständnis führten, dass Glaube im Tun wächst, sich aber auch darin zeigen kann, dass wir loslassen und mit offenen Händen empfangen können.

---

1 Unter dem Titel *Faith* zuerst publiziert in: The Guilford Lectures, 1974, S. 1–7.

Die wichtigste Regel, wenn du ein Examen bestehen willst, lautet: Lies zuerst die Frage. Was genau steht da? Warum wird diese Frage gestellt und was möchte der Prüfer wissen? In meiner Vorbereitung für die erste Vorlesung dieses Herbstsemesters habe ich mich in einer vergleichbaren Situation befunden. Warum wurde gerade ich angefragt, hier zu sprechen? Was wird von mir erwartet? Glücklicherweise konnte Canon Telfer hier genau Auskunft geben. Er war mir ein wertvoller Ratgeber beim Versuch, mich dieser anspruchsvollen Anfrage zu stellen.

Niemand wird von mir erwarten, dass ich über den Glauben wie eine Theologin rede. Denn der Hauptgrund meines Hierseins liegt ja gerade darin, dass ich keine Theologin bin. Ich bin als Laie eingeladen, als eine, die sich nicht professionell mit religiösen Fragen auseinandersetzt. Vor allem aber hat man mich eingeladen, als Vertreterin des St. Christopher's Hospice zu sprechen. Ich bin hier, um über die Hoffnung dieses Hauses, über seine Anfänge und die tägliche Arbeit mit schwerkranken und sterbenden Menschen zu reden. Denn in unserer Arbeit, so wurde verschiedentlich gesagt, zeige sich etwas vom Wesen des Glaubens. Was unsere Patienten uns in dieser Hinsicht gelehrt haben, ist von grosser Bedeutung für unser aller Leben.

Da ich hier nicht zum ersten Mal spreche, erinnern sich vielleicht einige von ihnen an Louie. Sie war ihr ganzes Leben wegen eines äusserst fragilen Knochenbaus ans Bett gefesselt. Als sie wusste, dass sie bald sterben würde, und wir darüber sprachen, fragte ich sie eines Tages: «Was wird das Erste sein, was du zu ihm sagen wirst, Louie?» Ohne zu zögern, antwortete sie: «Ich kenne dich.» Sie kannte ihn, sie hatte nicht nur von ihm gehört. Für sie bedeutete Glaube liebendes Vertrauen und nicht, sich an Glaubenssätzen oder dogmatischen Konzepten zu orientieren. Ihr Glaube war tatsächlich kaum in Worte zu fassen. Über diese Art des Glaubens möchte ich heute sprechen, denn durch Louie und durch eine Vielzahl von Menschen – nahezu alle waren Patientinnen und Patienten – ist die Vision von St. Christopher's entstanden und besteht auch durch sie fort. Diese Einladung hätte ich nicht anzunehmen gewagt, wenn ich nicht gespürt hätte, dass ich für diese Patientinnen und Patienten sprechen kann und es also auch tun sollte.

Und auch wenn unsere eigene Verbundenheit mit Gott durch vieles Unwichtige verdrängt ist, so finden wir immer wieder dann Inspiration, wenn wir uns den Patientinnen und Patienten zuwenden. Ungefähr zwei Wochen ist es her, seit David Frost[2] vier Patientinnen und Patienten interviewt hat. Alle vier sprachen in unterschiedlicher Weise von ihrem Glauben, jedes Mal aber war es, als ob das Licht des unendlichen Gottes durch eine sterbliche Person, durch einen immer zerbrechlicher werdenden Menschen hindurchleuchtete. Seit diesem Interview hat Herr Vincent die Bewegungsfreiheit seiner Hände verloren und Mary ging ruhig, ohne Schmerzen, ins Paradies.

Die ganze Geschichte von St. Christopher's begann mit David Tasma, einem einsamen Polen, der aus dem Warschauer Getto kam. Damals, ich war zu jener Zeit Sozialarbeiterin, sprach ich mit ihm über seine Nöte und Gedanken. Er hinterliess mir 500 Pfund mit dem Wunsch, «ein Fenster in deinem Haus» zu sein. Und er fügte an: «Was du in deinem Kopf und in deinem Herzen trägst, genau das wünsche ich mir.» Er sprach von seinen Hoffnungen für jene Menschen, die nach ihm kommen werden und denen er mit Sicherheit nicht mehr begegnen werde. Von ihm habe ich den Auftrag bekommen, die Sache anzupacken, wie lange die Verwirklichung auch dauern würde. Es dauerte neunzehn Jahre, bis

2 BBC-Reporter.

der erste Patient an David Tasmas Fenster vorbeikam und bis die ersten Mitarbeiterinnen und Mitarbeiter anfingen, das zu geben, was sie an Verstand und Herz, was sie an Können und Freundschaft einbringen konnten, um die so verschiedenartigen Schmerzen und Nöte jener zu lindern, die seither zu uns gekommen sind. Daraus erwuchs St. Christopher's.

David Tasmas Worte bringen zwei der vielen möglichen Geschichten von Glauben, die ich für meinen Vortrag hier herausgreifen könnte, zusammen. In der ersten sagt der römische Hauptmann zu Jesus, dass er nur ein Wort zu ihm sprechen möge, und sein Diener werde gesund. Der römische Hauptmann schenkt der Antwort von Jesus Glauben, geht nach Hause und erfährt, dass die Heilung eingetreten ist. Jesus sagt zu ihm: «Grösseren Glauben habe ich nicht gefunden.» (Matthäusevangelium 8,5–13)

Im zweiten Beispiel versucht der Autor des Hebräerbriefes, den Glauben zu definieren: «Es ist aber der Glaube eine feste Zuversicht auf das, was man hofft, und ein Nichtzweifeln an dem, was man nicht sieht.» (Hebräerbrief 11,1) Oder wie es in der *Guten Nachricht* heisst: «Glauben heisst Vertrauen, und im Vertrauen bezeugt sich die Wirklichkeit dessen, worauf wir hoffen. Das, was wir jetzt noch nicht sehen: im Vertrauen beweist es sich selbst.» Die Geschichte vom römischen Hauptmann spricht davon, dass du dich einer Person anvertraust, dass du in ihr eine solch liebevolle Autorität siehst, und nun bereit bist, das zu tun, was sie dir sagt. Die Glaubensdefinition des Hebräerbriefs sagt dir: Geh mit Überzeugung deinen Weg vorwärts, setze dein ganzes Vertrauen darein und handle so, wie es notwendig ist. Diese zwei ‹Glaubensweisen›, so denke ich, meinen im Grunde dasselbe. Das Tun, das sie erfordern, ist jedenfalls ähnlich. Solcher Glaube folgt einem Gebot, und nichts kann uns so stark bewegen wie eine innere Überzeugung. Im Tun wird der Glaube sichtbar, hier wächst und entwickelt er sich.

Das heisst aber nicht, dass alles ganz einfach wäre. Als uns eine sehr unerfreuliche Pressegeschichte zu schaffen machte, ging ich, so erinnere ich mich, zu einer menschlich reifen und hilfsbereiten Patientin und bat sie darum, für uns zu beten. Denn wir befürchteten damals, mit der Zustimmung zu einem Film über das Hospiz einen grossen Fehler gemacht zu haben. Sie sagte klar und bestimmt: «Zögere nie, wenn du dich geführt weisst», und dann schickte sie mich, im Gespräch mit den Reportern mein Bestes zu geben. Der Satz «Wer seine Hand an den Pflug legt und sieht zurück, der ist nicht geschickt für das Reich Gottes ...» (Lukasevangelium 9,62), meint nicht, dass man als Glaubender nicht auch Fehler macht. Aber er erinnert uns resolut daran, in welche Richtung wir Ausschau halten sollten, wenn wir wieder auf unseren Weg zurückwollen.

Nach einigen Jahren, in denen ich, sei es im St. Luke's Hospital, in Bayswater oder beim Medizinstudium von Patientinnen und Patienten vieles lernen durfte, begann ich auch mit meinen Forschungen zur Schmerzlinderung im St. Joseph's Hospice. Dort traf ich Louie, Alice, Terry und Menschen wie David Tasma, und ich gewann die Überzeugung, dass das, was ihnen echte Verbesserung ihrer spezifischen Situation zu bringen versprach, eine konkrete Realität werden könnte. Ihre Worte: «Jetzt musst du aber mit deiner Idee vorwärtsmachen», waren unmissverständlich. Später begannen Mitarbeitende mit ihrer Arbeit, die sich mit all ihrem Glauben und ihren Gaben einbringen wollten, und neunzehn Jahre nach dem Versprechen, das mir David Tasma abgenommen hatte, wurde das St. Christopher's Hospice um dieses eine Fenster herum gebaut – aus 500 waren 500 000 Pfund geworden.

Das erinnert mich an eine Predigt in der Westminster Abbey, ich weiss leider nicht mehr, wer damals predigte. Aber er beschrieb jenen Glauben, der Berge versetzen kann. Für mich ein ungewohntes Bild: Ein einzelner Mensch, der einen

Berg über den Klippen sieht und zur Überzeugung gelangt, dass dieser sich ins Meer bewegen muss. Und so beginnt er mit Schubkarre und Spaten, Ladung um Ladung Erde über die Klippen zu kippen. Eine Zeit lang ist er ganz allein, dann kommen ein, zwei Menschen hinzu. Statt ihn auszulachen, gelangen auch sie zu der Überzeugung, dass sein Vorhaben sinnvoll und notwendig sei, und packen mit an. Später sehen andere, dass dies tatsächlich möglich ist, und schliessen sich an. Und bald ist der Berg verschwunden.

Solches Tun kann schlichter Gehorsam gegenüber Gottes Gebot sein. Aber wir müssen dabei vorsichtig sein, denn wir neigen zu Selbsttäuschungen im grossen Massstab. Glaube kann auch Tollkühnheit bedeuten, und Jesus hat Klartext gesprochen, als er sagte, dass man bei grossen Vorhaben die Kosten überschlagen solle (Lukasevangelium 14,28–30). Nur allzu leicht kann der Glaube zu einem Deckmantel werden, mit dem wir unsere eigenen Ambitionen verhüllen. Wir kennen uns selbst nur wenig, und Gott kennen wir noch weniger. Manchmal besteht der Weg zu ihm in unserer Bereitschaft, das eigene Innere auszuloten. Wenn wir unsere inneren Lebensquellen finden, dann haben wir vielleicht einen Verbindungsdraht zum Schöpfer aller Dinge. Ein anderer, für die meisten von uns weniger gefährlicher Weg ist die Beziehung zu anderen Menschen. Wir begegnen dem inkarnierten Gott wahrscheinlich eher im menschlichen Gegenüber als in Worten oder dogmatischen Konstruktionen. Unsere konkrete Antwort auf Gottes Ruf im Hospiz, davon bin ich überzeugt, liegt in der Arbeit mit Patientinnen und Patienten, im Eingehen auf ihre Bedürfnisse, Nöte und Fortschritte. Da bewegen wir uns auf sicherem Grund. Der ständige Umgang mit verschiedenen Patientinnen und Patienten hindert mich daran, meine persönlichen Ziele und Wünsche über die ihren zu stellen. Oftmals wünschen wir uns, ein Instrument in Gottes Hand zu sein. Indem wir, bildlich gesprochen, ‹zum Stock Gottes› werden, merken wir oftmals gar nicht, wie sehr wir mit diesem Stock andere verletzen oder auf sie einschlagen. Der konstante Ruf zur Liebe ist ein verlässlicher Führer zum Glauben, verlässlicher als so manche ‹Erleuchtung›.

Religiöser Glaube ist manchmal mit dem Glauben an Märchen verglichen worden. Diejenigen, die diesen Vergleich ziehen, wissen oft gar nicht, wie recht sie haben. Wir alle lieben archetypische Erzählungen von Reisen, die durch unzählige Gefahren hindurchführen, bei der unerwartete Helfer auftauchen und es dann plötzlich zu einer guten Wendung kommt – zu dem, was John R. Tolkien die ‹Eukatastrophe› nennt. Und wenn sie nicht gestorben sind, dann leben sie noch und geniessen das Leben in seiner Fülle. Abraham und Mose mussten beide aufbrechen, nicht ahnend, wohin ihre Reise sie führen würde. Aber gerade dadurch wurden sie Väter für uns alle. Sicher ist die Begeisterung für Tolkiens Ring-Trilogie darauf zurückzuführen, dass sie eine vielschichtige Reise beschreibt und dass sich in ihr die Themen Freundschaft und Weggefährtenschaft entfalten. Tolkien selbst wollte nicht, dass man seine Erzählung als Allegorie versteht, aber wir können in diesen Geschichten finden, was wir wollen. Die Leserinnen und Leser werden sich etwa an die Verwechslung von Ehrgeiz mit Egoismus erinnern, welche die Reisegefährten behindert, an Frodos Gehorsam seinem Auftrag gegenüber, den er kaum versteht, und an Sams bedingungslose Liebe für Frodo, welche dazu beiträgt, dass sie ihrer Bestimmung gerecht werden können.

Das Ende ihrer Reise ist herzzerreissend, aber auch ermutigend für alle, die für sich selbst keine Zeichen für einen glücklichen Ausgang sehen können. Es ist eine schöne Beschreibung des schlichten, festen Glaubens, der nicht aufgibt: «... damit ihr alles vollbringen und standhalten könnt.» (Epheserbrief 6,13) Diejenigen, die ähnlich weit gekommen sind, werden vielleicht wie Frodo erfahren, dass Gottes Hilfe unerwartet kommt, und am Ende hat jeder seinen Beitrag geleistet.

Glauben heisst nicht nur Handeln und zähes Durchhalten, wie vertrackt die Situation auch immer sein mag. Glauben heisst auch Loslassen. Frodo und Sam kommen zurück, aber Frodo selbst muss den Frieden aufgeben, den er für die anderen gewonnen hat. Glauben kann auch heissen, dass man auf alles Handeln verzichtet, dass man loslässt. Mitunter steckt Glaube in der Verzweiflung und Erschöpfung wie in der eines Freundes, der letzte Woche zu mir sagte: «Ich werde tun, was immer mein Arzt sagt; ich fühle mich schon so lange elend, ich überlasse die Entscheidung ihm allein.» Mitunter erlebt man Glaube in der Bereitschaft zu empfangen, statt immer nur der Gebende zu sein. Als ich das letzte Mal hier war, sprach ich von einem Herrn P., der für einige Monate im Hospiz war und während dieser Zeit zu einem Vertrauen in Gott zurückfand. Als ich ihm einige Fotos brachte, die ich am zweiten Weihnachtstag von ihm an unserem Fest aufgenommen hatte, wollte er dafür bezahlen. Ich hingegen wollte ihm einfach ein Geschenk machen. Wir beide wollten geben, keiner wollte annehmen. Schliesslich streckte ich meine Hand aus und sagte: «Genau darum geht es im Leben: dass wir lernen anzunehmen.» Da legte er seine Hände neben die meinen, die Handflächen nach oben und sagte: «Ja, darum geht es im Leben, vier Hände, die empfangen.» Zusammengeballte Hände sind einsam, unnachgiebig, verschlossen. (Ich denke hier auch an die mitreissende Novelle von William Golding, in der Pincher Martin beim Todeskampf mit seinen zusammengeballten Fäusten sogar dem dunklen Blitz der Liebe Gottes widersteht.)

Offene Hände hingegen sind verletzlich, bereit, anzunehmen und ein Symbol eines Glaubens, der empfangen kann und der dann, mehr und über alle Vorstellung hinaus, gesegnet wird. Die offenen Hände sind bereit für Freiheit und Spontaneität. Jesus sagt uns, dass wir wie Kinder werden müssen, um in Gottes Reich zu kommen … (Markusevangelium 10,13–16), sicher ist damit das Vertrauen angesprochen und eine Offenheit, die bereit ist, in Liebe zu wachsen. Dies ist der Grund dafür, warum es in Gottes Augen solch ein Verbrechen ist, wenn das Vertrauen von Kindern verraten wird. Auch Psychologen betonen die Wichtigkeit der ersten Lebensjahre, in denen sich das Urvertrauen entwickelt und uns fürs Leben prägt.

Was soll aus einem Kind werden, dessen Vertrauen betrogen und dem von Anfang an die Chance genommen wurde, sich anderen zu öffnen? Was ist mit denen, deren Fähigkeit zu Liebe und Spontaneität verbogen und bitter geworden ist?

Wie steht es mit all den Fragen um den Glauben? «Warum musste das jemandem geschehen, den ich liebe?» Das ist eine schwierige Frage, die öfter gestellt wird als: «Warum geschieht das mir?» Und was ist mit den scheinbar zufälligen Leiden infolge von Krieg, Gier und Materialismus? Was ist mit all der Ödnis und den Sorgen der Welt?

Jene, die mithelfen, Leiden zu vermindern, sind in einer glücklichen Lage, weil die konkrete Frage nach dem Wie hier die nach dem Warum übertönt. Denn für die erste Frage gibt es meist eine Antwort, wie anspruchsvoll sie für den Fragenden auch sein mag. Es scheint mir die Frage des barmherzigen Samaritaners zu sein, und die Antworten führen uns zu den ‹Sakramenten› des Wasserbechers und des Handtuchs; Sakramente, die den Glauben vieler stärken, die mit den liturgischen Sakramenten nur noch wenig anfangen können.

Der Glaube wächst auch, wenn Menschen die Wie-Frage stellen angesichts zunehmender Passivität und Verluste durch

Krankheit und verstärkte Abhängigkeiten aller Art. Ich erinnere mich an einen Mann, der sagte: «Ich verstehe nicht, ich kann nichts für dich tun, ich kann dich nur verletzen.» Und später, als er im Sterben lag, wurde ihm versichert: «Bitte glaube mir – du warst es, der viel gegeben hat.» Und er konnte in aller Schlichtheit erwidern: «Ich glaube es.»

Liebe verbindet die zwei Arten von Glauben, den Glauben als ‹Vertrauen› (*faith of trust*) und den Glauben als ‹für wahr Halten› (*faith of belief*). Die Liebe ist ein Schlüssel für Antworten auf all die Fragen nach dem Warum, denn mit der Liebe lernen wir auf die tragfähigen Antworten zu warten. Als derselbe Mann erkannte, dass er bald sterben werde, sagte er zuerst: «Ich will nicht sterben …» Die Erinnerung an die Worte in Getsemani schien so weit weg zu sein, dass sie ihm nicht helfen konnten. Aber einige Wochen später konnte er in einem anderen Zusammenhang sagen: «Ich will allein, was richtig ist.» Damit hatte nicht nur er eine Veränderung erlebt, er hatte Getsemani ins Heute gebracht, und Christus hat hier ein weiteres Mal triumphiert. Wir alle haben unsere «Wolke der Zeugen» (Hebräerbrief 12,1) um uns, wenn wir nur bereit sind, sie zu sehen und unsere Hände auszustrecken, um zu empfangen, was Gott uns durch sie schenken will.

‹Glaube› ist ein eigenartiges Wort: Es muss nämlich mit einem anderen verbunden werden – Glaube und Gehorsam, Glaube und Liebe sind nicht so einfach zu entflechten. Als Louie sagte: «Ich kenne dich», sagte sie das im einfachen Vertrauen der Liebe. Gegenüber jemandem, der dich wirklich liebt, kannst du beschämt sein, du kannst im Unrecht sein und es zugeben. Denn dann brauchst du keinen Selbstschutz mehr, deine geballten Fäuste kannst du wieder öffnen, du kannst dich vom Tun zum Sein bewegen, du kannst beginnen, du selbst zu sein.

Verletzlich zu sein in vertrauensvoller Liebe, das ist das Fundament für den Gehorsam des Glaubens und die Grundlage dafür, dass du annehmen kannst, obwohl du nichts geben kannst. Es scheint mir eine Beschreibung des Glaubens zu sein, wenn der Psalmist sagt: «Was soll ich dem Herrn erwidern für all die Wohltat, die er an mir tut? Ich will den Kelch des Heils annehmen; ich will den Namen des Herrn anrufen.» (Psalm 116,12+13)

Es beweist grosse Stärke, wenn wir unsere Schwachheit annehmen können, und vielleicht fasst dies besser als alle Worte zusammen, was Theologie uns lehren kann. Herr Vincent zeigte David Frost beim Interview fürs Fernsehen seine beiden kostbaren Ölbilder. Und die Kameras richteten sich auf das Pferd und den Wagen, der die Dorfstrasse in Chilham hinunterfährt. Dann streckte Herr Vincent seine Hand aus, wies auf ihre Deformationen infolge fortschreitender Lähmung und sagte: «Es wird schlimmer ...» Schliesslich sagte er auch: «Es ist das Leiden, welches Gott sendet. Du musst es einfach akzeptieren.» Er hat das Recht so zu sprechen, weil er einen langen Weg mit seiner Krankheit gegangen ist und Gott mit ihm unterwegs ist. Es ist nicht eine auferlegte Strafe oder eine gnadenlose Prüfung, die ihm aus der Ferne zugemutet wird. Vielmehr hat Gott von innen mitgetragen an dieser Krankheit. In seinem Fall kennen wir weder die Krankheitsursache noch gibt es Hoffnung auf eine Heilung. Es gibt einige Krankheiten, die von unserer Art zu leben herrühren, andere von den überraschend selten auftretenden Verirrungen unseres komplexen Zellapparats. Es mag Erleichterung hinsichtlich der Warum-Frage bringen, wenn wir diese Fakten bedenken und akzeptieren können, dass Glück und Zufall Teil der Welt sind, in der wir leben, und sie uns zuweilen willkürlich treffen. Aber damit sind wir noch nicht weit gekommen. Wenn wir aber sagen: «Wir wissen nicht, warum Gott das zulässt, aber wir wissen, dass er das Leiden teilt. Und indem er das tut, versöhnt und verändert er es.» – dann beginnen wir, Herrn Vincent näher zu kommen. Von seiner eigenen Erfahrung ausgehend spricht er in verkürzter oder vereinfachender Weise, wenn er sagt, dass Gott ihm sein Leiden sendet. Er sagt das ohne Bitternis, weil er in dieser Weise in neuer Tiefe Gottes Treue erfahren hat, weil all das für ihn aus Gottes Hand kommt.

Aber Herr Vincent hat uns weit zurückgelassen. Er ist ein praktizierender Christ, und sein Vertrauen hat viel von der Klarheit seines Glaubens. Dies wirft viele Fragen auf. Reicht es nicht, einfach mit offenen Händen zu leben und sich konstant im Vertrauen zu üben, damit wir immer wieder neu anfangen können, auch wenn unsere Liebe scheitert? Ist es nicht ausreichend gelebter Glaube, wenn wir uns wirklich bemühen, die Person zu sein, als die uns Gott geschaffen hat, anstatt in Aktivismus und Habgier aufzugehen? Und auch wenn wir an Gott glauben, weshalb können wir nicht akzeptieren, dass alle Religionen von ihm sprechen? Warum sprechen wir Christen von ‹dem Glauben› und sagen, Gott zu kennen bedeute, einen bestimmten, persönlichen Gott zu kennen, der in der Geschichte gehandelt hat?

Viele von denen, die erklärtermassen Gott lieben und sich nach ihm sehnen, scheuen sich vor dem Anspruch und den Anforderungen einer derart unerhörten Partikularität. Wie gelingt es uns, unser Vertrauen in ein ‹Einmal-für-immer› zu setzen, angesichts der immensen Grösse von Raum und Zeit, angesichts der Komplexität unseres evolutionären Erbes und des Nicht-Verstehens unserer selbst und unserer Motive?

Aber vielleicht besteht doch auch eine Ähnlichkeit zu der Welt, die wir kennen, zu dem Zuhause, das unseren Ausgangspunkt bildet. Einige von Ihnen haben vielleicht den Dokumentarfilm *Philpott File* aus dem Guy's Hospital gesehen, in dem gezeigt wird, wie jahrelanges Training auf den einen Moment hinzielt – in dem der Chirurg den Einstich in die offene Herzklappe macht und die Schwester daraufhin das Rohr vom Herzbeutel nimmt. Da realisiert man, wie ein ganzes Leben voll Liebe auf den einen Moment hinläuft, in dem es um Gelingen oder Lebewohl geht. Viele von uns haben eine flüchtige Erfahrung von der ruhigen Ganzheit eines ‹ewigen Jetzt› – in der Liebe oder in einer Vision. Die Welt der Natur ist voller solcher Momente. Neulich hat mir ein Freund einen solchen beschrieben, wie er plötzlich in einer Art Vision das Panorama schneebedeckter Berge vor sich sah und er einige Schneeflocken auf seinen Skihandschuhen erblickte. Wir wissen, wie sich alles auf einen Moment konzentrieren kann. Wir selbst leben ja in dem ständigen Paradox von ungeheurer Weite und konkretem Fokus, beide bergen Wahrheit. Kann nicht das, was für uns das ‹Jenseits in der Mitte›, ‹der erste Beweger›, der ‹Grund allen Seins›, Gott selbst ist, sich auf einen solchen Punkt konzentrieren, den Punkt äusserster Liebe? Je grösser die ungeheure Weite, desto präziser, desto intensiver wird der Fokus sein.

Es gibt für uns kein sicheres Vertrauen in Gott den Unbeteiligten oder Unbewegten, der seine Hilfe von oben sendet. Wir können uns nur dem anvertrauen, der wirklich in unsere Mitte kommt. Und er, der die stille Ganzheit in sich trägt, er nimmt auch den Schrei einer todgezeichneten Welt auf und wirkt Versöhnung. Die Kreuzigungsdarstellungen, die nichts anderes als Kampf und Qual zeigen, und jene, die nur den stillen Triumph illustrieren, beide weisen auf etwas Wahres hin. Aber die Dunkelheit wird schliesslich nicht alles für sich gewinnen. Manchmal erhaschen wir einen flüchtigen Blick, wie das aussehen könnte. Ich erinnere mich an kurze Augenblicke mit einem Menschen, den ich sehr liebte und der im Sterben lag, und daran, wie ein Freund, der ihn besuchte, sagte: «Sie schauen schrecklich aus, wenn sie so krank sind, nicht wahr?»

Ich hingegen sah das anders – ich sah nur jemanden, der beinahe durchsichtig geworden war für den Gott, dem er vertraute und den er liebte. Aber das sehen zu können, war ein Geschenk der Liebe.

Und letztlich ist für mich der Glaube genau das, nämlich ein Geschenk der Liebe, aus Liebe und zur Liebe. Es ist alles viel einfacher, als wir denken, obgleich es nicht leicht ist. Und tatsächlich wäre alles, was ich über Glaube als Vertrauen zu sagen habe, so flach und abgehoben, dass ich Ihnen als meinen Zuhörerinnen und Zuhörern wirklich nichts hätte mitbringen können, wenn ich nicht von den vielen Gaben und Geschenken hätte berichten können, die von David und Antoni, von Herrn Vincent und all jenen gebracht wurden, die mit ihren Schubkarren den Berg abgetragen haben, um St. Christopher's aufzubauen und diese Arbeit zu ermöglichen. Hier ist nicht der Ort für Beteuerungen – ich wollte nur darauf hinweisen, dass es die Kraft ‹dieser Liebe und der Ruf dieser Stimme› waren, welche langsam, in vielen persönlichen Begegnungen, sichtbar wurden und sich auskristallisierten.

Als Maria bei der Verkündigung zum Engel sagte: «Mir geschehe, wie du gesagt hast» (Lukasevangelium 1,38) – kam Christus. Das ist ein Wort des Glaubens, dieses ‹Ich kenne dich› – ‹Ich vertraue dir›. Und das Symbol solchen Glaubens ist die Geste der offenen Hände, die bereit sind zu empfangen. Da kann man nicht haltmachen, und dies ist nicht der Anfang. Denn wir lieben, weil er zuerst uns geliebt hat, weil seine Hände zu uns hin offen sind, und diese zeigen für immer die Wunden der Nägel.

DEM TOD IN DIE
AUGEN SEHEN (1984)

Dieser Beitrag wurde für ein katholisches Journal geschrieben.[1] Cicely Saunders verknüpft dabei persönliche Erfahrungen, die sie in ihrer Arbeit mit sterbenden Menschen macht, mit ihren geistlichen und intellektuellen Erkenntnissen. Sie zeigt, wie sehr sterbende Menschen in Beziehungen, Verantwortung, Verpflichtungen eingebettet sind, und fragt danach, wie wir uns mit dem Tod auseinandersetzen können: «Um dem Tod zu begegnen, muss man das Leben betrachten. Mit dem einen zurechtzukommen, bedeutet, etwa über das andere zu lernen.»

---

1   Unter dem Titel *Facing Death* zuerst publiziert in:
     The Way, Oktober 1984, S. 296–304.

Wissen Sie, Frau Doktor, ich habe nie wirklich geglaubt, dass ich einmal sterben muss, kein Mensch, so vermute ich, tut das. Aber dann kommt tatsächlich eine Zeit, in der man dazu bereit ist. Lily, eine Hospizpatientin

Wir können dem Tod intellektuell zu Leibe rücken, können Lebensversicherungen abschliessen und Testamente schreiben, wir können über den Tod und über die Auferstehung Jesu meditieren und die christlichen Lehren auswendig lernen. Wir können (besonders jene, die in den USA leben) Kurse über ‹Tod und Sterben› besuchen, aber all das greift zu kurz, wenn wir plötzlich selbst mit der Realität des Todes konfrontiert sind. Auch wenn wir Acht geben auf kleine ‹Todeserfahrungen›, die wir im Leben antreffen – all das hat nicht die gleiche Qualität wie das, was wir am Ende erleben. Wie Lily, die ihr ganzes Leben behindert war, rechnet niemand von uns damit, dass wir wirklich sterben müssen.

Sich dem Tod wahrhaftig zu stellen, ist nicht etwas, was man ein für alle Mal erledigt. Es ist ein individueller Weg für jeden einzelnen Menschen. Es ist ein Weg, der von der ersten oben zitierten Aussage zur zweiten führt. Obwohl jede Person einzigartig ist, verläuft er dennoch nach Mustern. All jene, die in Hospizen arbeiten, und ab und zu auch jene, die in Pflegeberufen tätig sind, begegnen immer wieder Menschen, die auf diesem Weg sind. Er ist nicht einfach, beinhaltet Arbeit, oft harte Arbeit für alle, die involviert sind – für Patientinnen und Patienten, für Familien und Freunde, für alle Mitarbeiter. Zahlreiche Probleme müssen bewältigt werden, aber es gibt auch Erfolge, bevor es zum endgültigen Loslassen kommt.

Die modernen, privaten Sterbehilfebewegungen, die sich ja bereits in einigen Ländern in verschiedenen Formen etabliert haben, haben zum Ziel, eine Verkürzung der Sterbezeit für alle möglich zu machen, die das wollen. Obwohl man in jenen

Fällen, bei denen gute Begleitung und Pflege nicht möglich sind oder andere Sachzwänge solcher Pflege im Wege stehen, Verständnis für solche Wünsche haben kann, so gibt es doch grundlegende Einwände dagegen. Die legale Möglichkeit, einen schnellen Weg zum Tod zu wählen, impliziert, dass der Wert einer sterbenden Person und der Wert des Weges, den diese Person geht, nur gering sind. Diejenigen, die Menschen in solchen Situationen nahe sind, werden bestätigen, wie viel die sterbende Person und auch ihre Familie verlieren, wenn diese Zeit verkürzt wird. Psychiatrische Studien haben gezeigt, dass Suizid für die Hinterbliebenen der schlimmste aller Trauerfälle ist, weil ein Suizid schwer auszuhaltende Gefühle von Ablehnung und Schuld zurücklässt.

All jene aber, welche der Überzeugung sind, dass ein Recht auf Beendigung des Lebens den Seelenfrieden und ein angstfreies Dasein vieler verletzlicher Menschen untergräbt («Ich bin nichts anderes als eine Last; ich darf von meinen Mitmenschen nicht erwarten, dass sie sich um mich kümmern»), sie tragen die Verantwortung, den Menschen zu helfen, die in solchen Notsituationen sind. Sie können das durch aktive Fürsorge tun, durch nachbarschaftliches und soziales Engagement oder dadurch, dass sie andere ermutigen, diesen Weg zu gehen. Denn auf dieser letzten, schwierigen Wegstrecke kann viel erfahren und gewonnen werden, bis der Tod schliesslich kommt. Und in jedem einzelnen und einzigartigen Menschen steckt die ‹Heiligkeit des Lebens›.

Viele Menschen sterben plötzlich und haben nicht die Gelegenheit, sich darauf vorzubereiten. In vergangenen Zeiten wurde ein solch unvorbereiteter Eintritt in die andere Welt und das dort zu erwartende Gericht sehr gefürchtet. Heute scheinen viele Menschen diese Angst verloren zu haben. Sie wollen nichts wissen von der Idee, dass man jederzeit bereit sein solle für den eigenen Tod. Der Glaube an ein Jenseits dieser Welt ist heute selten geworden, obwohl viele Hospizmitarbeitende davon berichten, dass sie bei Angehörigen und Freunden oft auf die vorsichtige Hoffnung stossen, der Tod bedeutet nicht das Ende einer geliebten Person. Vielleicht können sie ihre Hoffnung auf eine ‹bessere Welt› nicht sehr klar formulieren, vielleicht fühlen sie sich wie M. Wandor, die schrieb: «Wenn ich reflektiere, bin ich mir nicht sicher, ob ich besser dran wäre, wenn ich an Gott glaubte. Aber als meine Mutter starb, war es für mich eine Hilfe, dass einige Menschen um mich herum in diesem Glauben lebten.»[2] Aber auch für jene, die nicht an ein jenseitiges Leben glauben, auf das man sich vorbereiten sollte, ist es von Bedeutung, ihr Werk in diesem Leben abzuschliessen. Oft braucht es seine Zeit, um das Ganze eines Lebens verstehen zu können, Zeit auch für Versöhnung und Begegnungen, die den Angehörigen ihren Weg durch die Trauer leichter machen können.

Gewaltsame Tode oder Unfalltode kommen tragischerweise oft vor. Weil die Menschen unter Schock stehen und keine Gelegenheit haben, sich auf den Verlust vorzubereiten, sind solche Trauerfälle schwierig, besonders dann, wenn ein Kind verunglückt oder sogar ermordet wird. Die bewegenden Beiträge von Eltern, welche ihre Erfahrungen im Rundbrief *Compassionate Friends* miteinander teilen, zeigen, wie sehr man auf gegenseitiges Verständnis und Hilfe angewiesen ist in einer Gesellschaft, welche auf solche Notlagen mit Schweigen und Meiden des Themas reagiert. Und denken wir an die Folter, an Menschen, die verschleppt werden, an die Unzähligen, die den Hungertod sterben; an all das Elend unserer Welt, dieser «Stätte voll von Gewalt» (Psalm 74, 20)! Leiden und Tod konfrontieren uns mit so viel Trauer und vielen Fragen.

2   M. Wandor, Only half the story, in: J. Garcia und S. Maitland (Eds.),
    Walking on the water: women talk about spirituality, London 1983, S. 103.

Heutzutage scheinen sich viele von uns besonders vor dem Tod infolge einer Krebserkrankung zu fürchten. Einige Überlegungen im Hinblick auf den Verlauf und mögliche Behandlungsweisen, wie wir sie in Hospizen erprobt haben, können ein hilfreicher Ausgangspunkt für eine Auseinandersetzung mit dem Sterben sein. Denn hier zeigen sich zahlreiche, allgemeinere Probleme in besonderer Schärfe: Die physischen Schmerzen etwa und andere Symptome, und damit verbunden das Problem der Entscheidungsfindung im Blick auf angemessene Behandlungsziele; die oft gestellte Frage, ob es richtig sei, die Patienten über ihren wahren Gesundheitszustand zu informieren, und schliesslich auch die emotionalen Reaktionen der Angehörigen und sogar mancher Experten – all dies kommt hier besonders scharf in den Blick.

Neben der Bedrohung durch den Krebs gibt es aber auch Folgen anderer Krankheiten, denen wir Beachtung schenken sollten. Ich denke dabei zum Beispiel an Lähmungen oder an den Verlust von Kommunikationsmöglichkeiten, bei denen die Betroffenen jedoch ihre geistige Präsenz vollständig behalten. Denken Sie beispielsweise an die Motoneuronerkrankung oder an Schlaganfälle, an die dabei auftretenden zunehmenden Ausfälle etwa bei organischer Demenz, oder an den Verlust von Mobilität und Unabhängigkeit bei rheumatischen oder ähnlich schmerzvollen Erkrankungen.

In all diesen Situationen ist eine Person mit einer Reihe von Verlusterfahrungen konfrontiert, die ihre körperliche Unabhängigkeit, die Beziehungsgestaltung, Hoffnungen, Zukunftspläne und das Vertrauen in den Sinn des eigenen Lebens betreffen. Wie kann man einer Person helfen, dies alles zu ertragen und die verbleibende Zeit zu nutzen?

Krebswachstum ist anders als die oben erwähnten Krankheiten nicht unaufhaltbar. Die Entwicklung von Behandlungsmöglichkeiten, welche vielleicht die Ausbreitung stoppen oder die Symptome lindern können, führt Patientinnen und Patienten zu einer ‹Hoffnung wider alle Hoffnung›, die aber auch eine Realitätsverweigerung darstellen kann. Sie führt zur Erfahrung, dass Hoffnung schmerzt und in einem Dilemma ende, in dem man nicht sicher ist, ob man für das Leben kämpfen oder den Tod akzeptieren sollte. Teilhard de Chardin spricht über dieses Dilemma aus einer christlichen Perspektive:

Damit sind wir, christlich gesprochen, weit von dieser allzu berechtigt kritisierten ‹Unterwerfung unter den Willen Gottes› entfernt, die leicht den wider alle Kräfte der Finsternis und der Schwächung geschwungenen schönen Stahl des menschlichen Willens weich, brüchig machen könnte. Verstehen wir dies recht und machen wir es ganz deutlich: es ist weder eine unmittelbare Begegnung, noch eine passive Einstellung, den Willen Gottes zu finden und ihn (selbst im Hinschwinden und Sterben) zu tun. Von einem Übel, das mich durch meine Nachlässigkeit oder durch meine Schuld befiele, dürfte ich nicht annehmen, es sei Gott, der mich anrühre. Den Willen Gottes (in seiner zu erleidenden Gestalt) werde ich immer nur am Ende meiner Kräfte dort erreichen, wo mein ganz auf das Bessersein (ein entsprechend den normalen menschlichen Vorstellungen verstandenes Bessersein) ausgespanntes Tun fortwährend von jenen entgegengesetzten Kräften im Gleichgewicht gehalten wird, die mich aufzuhalten oder mich umzuwerfen suchen. – Wenn ich nicht tue, was ich kann, um voranzukommen oder zu widerstehen, befinde ich mich nicht an dem gewollten Punkt – ich erlitte Gott nicht in dem Masse, wie ich es könnte und er es wünschte. Wenn

dagegen mein Bemühen mutig, ausdauernd ist, erreiche ich
Gott durch das Übel hindurch tiefer als das Übel; ich dränge
mich an ihn ...[3]

Viele befürchten, dass die Nebenwirkungen der Behandlung schlimmer sind als die Krankheit selbst, und doch fühlen sie sich schuldig, wenn sie diese ablehnen. Solche Entscheidungen sind nie leicht zu fällen, und Patientinnen und Patienten haben nicht immer die Unterstützung, die sie dafür brauchten. Aber auch wenn einmal entschieden ist, dass nichts mehr getan werden kann, um den Krankheitsverlauf aufzuhalten, so gibt es doch sehr viele Möglichkeiten, die schmerzhaften Symptome zu lindern. Das Ziel der Schmerzlinderung und der Milderung anderer Krankheitssymptome ist es, Patientinnen und Patienten von ihrem Körper und dessen Bedürfnissen zu entlasten, auch wenn ihre Aktivitäten zunehmend durch die Krankheit eingeschränkt werden.

Unsere Körper können ihre grundlegende Integrität auch in Schwachheit und Abhängigkeit bewahren, und wenn der Analyse und Behandlung körperlicher Symptome genügend Aufmerksamkeit geschenkt wird, dann bleibt uns das sichere Gefühl, dass andere dafür wirklich Sorge tragen. Ein sich veränderndes Körperbild kann angenommen und ein Selbstwertgefühl kann aufrecht erhalten werden, auch angesichts grosser körperlicher Probleme.

Die erfolgreiche Regulierung von Schmerzen und anderer Symptome im Endstadium einer Krankheit, welche in den letzten zwei Jahrzehnten vor allem durch Mitarbeitende in der Hospizbewegung möglich geworden ist, hat sich auch in anderen Bereichen bewährt, einschliesslich der Hauspflege. «Kein Patient sollte unter Schmerzen sterben müssen, denn

---

3   P. Teilhard de Chardin, Das göttliche Milieu. Ein Entwurf des Innern Lebens, Düsseldorf/Zürich [11]1990, S. 94f.

Schmerzen können in den meisten Fällen vollständig gelindert und in den übrigen Fällen zufriedenstellend unter Kontrolle gebracht werden.»[4] Das weitverbreitete Vorurteil, dass alle starken Schmerzmittel ihre Wirkung nach einer Weile verlieren und ihre Dosis deshalb ständig erhöht werden muss, ja dass Patientinnen und Patienten dadurch bestenfalls schläfrig und desorientiert würden, hat sich als unwahr erwiesen. Die Lehre von der richtigen Verwendung dieser Medikamente findet immer grössere Anerkennung und wirkungsvolle Anwendung.

Die grösste Sorge stellt für einen sterbenden Patienten das Ende all seiner Beziehungen und Verantwortlichkeiten dar. Wir leben in ständigem Austausch mit anderen, aber stärker werdendes Leiden führt zu einem Rollenwechsel. Derjenige, der gearbeitet und die Familie ernährt hat, kann seiner Arbeit nicht länger nachgehen, oder die Familienfrau muss all ihre Aktivitäten zum Wohl der Familie anderen überlassen. Da ist es schwierig, sich nicht nutzlos oder gedemütigt vorzukommen. Dabei nimmt die Familie oftmals gern die Gelegenheit wahr, dem Kranken Liebe und Dankbarkeit zu erweisen. Aber es ist nicht leicht, immer auf der Seite der Empfangenden zu sein. Deshalb ist es wichtig, dass die, welche nun die Gebenden sind, dies mit Sensibilität tun. Diese Zeit kann als eine erlebt werden, in der Bitteres verheilt, in der Versöhnung gefunden und – wie so oft in Krisenzeiten – erfahren werden kann, dass vieles sich überraschend schnell bewegt und verändert («Wir lebten eine Lebensspanne in drei Wochen»). Damit das aber gelingen kann, ist es wichtig, dass der Ernst der Situation zumindest teilweise angesprochen wird. Familien haben oft das Gefühl, die sterbende Person vor der vollen Wahrheit schützen zu müssen, aber fast immer

4   T.D. Walsh, Pain relief in cancer, in: Medicine in practice,
     1983 (Bd. 1), S. 684–689.

ist das der falsche Weg. Denn meist erfahren es die Patientinnen und Patienten auf anderen Wegen und fühlen sich dadurch noch stärker isoliert, weil sie ihre eigenen Anliegen und Sorgen um andere mit niemandem besprechen können. Immerzu zu verdrängen, ist für beide Seiten hemmend und erschöpfend.

Wie schwierig es auch immer sein mag, den nahenden Abschied anzunehmen, es hilft, wenn man so ehrlich wie möglich mit der Situation umgeht, wenn man Ängste und Trauer durchsteht, die ein solches Abschiednehmen mit sich bringt. Manche Familien haben nur wenig miteinander geteilt, und einige haben versucht, unangenehmen Wahrheiten aus dem Weg zu gehen, und nicht jede Familie wird erfolgreich sein. Niemand sollte zu forcierten Enthüllungen gezwungen werden, und manchmal gilt es abzuwarten, bis die Wahrheit Stück für Stück verarbeitet werden kann. Ich habe jedoch immer wieder beobachten können, dass eine realistische Wahrnehmung Erleichterung schafft und oftmals in erstaunlicher Weise den Familienzusammenhalt stärkt.

Patientinnen und Patienten (und ihre Familien) mögen vielleicht die ‹Hoffnung wider alle Hoffnung› nicht aufgeben und sich erlauben, einen Tag von der Wahrheit ‹freizunehmen›, wenn sie sich beispielsweise auf einen Ausflug oder eine Feier konzentrieren. Und dennoch gelingt es ihnen vielleicht, einander in der Tiefe zu begegnen. Meistens sind diejenigen Familien, die St. Christopher's Hospice nach dem Tod eines Angehörigen mit neuen Kräften verlassen, jene, denen es gelungen ist, den Abschied als gemeinsame Aufgabe anzusehen. Der Trauerprozess bleibt auch dann schwierig, aber solche Erinnerungen helfen, einen konstruktiven Prozess des Trauerns zu ermöglichen. Das Hospizteam ist da, um Einzelnen oder Gruppen zu helfen, die auf ihrem langen Weg der Trauer besondere Hilfe benötigen.

Dem Tod ins Auge zu sehen heisst auch, zu akzeptieren, dass es für Hoffnungen und Pläne ein Ende gibt. Schmerz hat nicht nur eine körperliche oder soziale Dimension, sondern auch eine tief emotionale. Mentaler Schmerz ist wohl der schwierigste von allen. Die Ängste, die durch Krankheiten und ihre Behandlung entstehen, verbinden sich mit der Depression, die durch das Schwinden aller Fähigkeiten ausgelöst wird. Die meisten von uns finden Gründe, sich zu schämen, wenn sie auf ihr Leben zurückblicken. Bei schwerkranken Menschen ist dies oftmals mit konfusen, vagen und irrationalen Schuldgefühlen vermischt. Sie sind dann Ausbrüchen von verständlichem Zorn ausgeliefert, oder sie werden von niederschmetternder Verzweiflung überwältigt. Klinische Depressionen kommen aber verhältnismässig selten vor bei Krebspatienten. Auch Suizide bilden die Ausnahme.

Trauer aber ist angemessen, sie sollte zugelassen und geteilt werden. Deshalb braucht es mehr als Medikamente jemanden, der zuhören kann. Sicherlich ist eine Kombination von beidem hilfreich, um Erleichterung zu schaffen und es Patientinnen und Patienten zu ermöglichen, Probleme anzugehen, die ihnen vorher unlösbar schienen. Eine Behandlung muss sorgfältig evaluiert und kontrolliert werden, und es darf dabei nicht darum gehen, den Geist zu manipulieren, sondern einzig darum, dem Geist mehr Freiheit und Kraft zu geben, damit er die Realität anerkennen kann. Sakramente, die Gottes Vergebung zusprechen, können Frieden bringen. Und die Akzeptanz jener, welche die Patientinnen und Patienten umgeben, bestätigt dies ohne Worte.

Die grösste Angst ist die des Kontrollverlustes, doch auch bei einem sich ausbreitenden Gehirntumor, wenn ihre geistigen Fähigkeiten abnehmen, kann man die Patientinnen und Patienten dabei unterstützen, ihre Wahrnehmung zu fokussieren. Damit hilft man ihnen, die je eigene, individuelle Antwort zu geben auf die Realität, so wie sie sie wahrnehmen.

Eine Tochter, die den fortschreitenden Verlust der geistigen Fähigkeiten ihres Vater mit liebevoller und zugleich wissenschaftlich-genauer Wahrnehmung beschrieb, sagte am Schluss ihres berührenden Berichts über seine letzten guten Momente: «Verstand und Körper gehören untrennbar zusammen, soweit wir wissen; aber die Erfahrung zeigt auch, dass sie nicht mehr als Werkzeuge sind und deshalb weniger wichtig als der Geist, dem sie dienen.» Das Ende ihrer Geschichte war ein friedliches: Als der Vater in einem klaren Moment die Fürsorge für seine geliebte Ehefrau an andere abgeben konnte, «veränderte sich sein Zustand und er glitt in eine ruhige Demenz hinüber, die einem weiträumigen Traum glich. Lebendige Bewusstheit und Gefühlstiefe hatten ihn verlassen, und meine Sorgen seinetwegen waren nun auch gewichen.»[5]

Fortschreitende Demenz bei Menschen, die man liebt, über Jahre hinweg aushalten zu müssen, das ist wohl eine der schlimmsten Arten, ihrem Tod zu begegnen. Die Angehörigen, ob sie die Pflege zu Hause übernehmen oder diese Aufgabe oft gestresstem und überarbeitetem Pflegepersonal übergeben, erleben einen langsam fortschreitenden Verlust, und oftmals erhalten gerade sie nicht die notwendige Unterstützung. Denn Angst, Depression, Zorn und Verzweiflung trifft auch sie, oft einhergehend mit grösster Erschöpfung. Der Verlust wird intellektuell, emotional und sozial nur langsam verarbeitet und akzeptiert. Der Trennungsschmerz nimmt zwar ab, aber wenn der Tod tatsächlich kommt, dann bleibt die Aufgabe der Trauerarbeit. So wie der Patient, der langsam die Kontrolle verliert, auch merkt, dass er nicht länger der ist, der er war, so müssen die Trauernden eine neue

---

5   Anon., Death of a mind. A study in disintegration, in: Lancet (Bd. 1), S. 1012–1015.

Welt entdecken und akzeptieren. Es braucht Zeit, die Starre, den emotionalen Schmerz, der zunehmend wahrgenommen wird, die Leere und den Verlust zu überwinden und durch einen schliesslich einsetzenden Lernprozess wieder mit dem Leben zu beginnen. Einige brauchen Hilfe, um ihre Gefühle nach und nach ausdrücken zu können, vielleicht sogar die ‹Erlaubnis›, mit dem Trauern aufzuhören, um mit Hilfe neuer Aufgaben die entstandene Leere wieder etwas zu füllen. Die Erfahrung des Verlusts intensiviert die immer gegenwärtige Suche nach Sinn.[6] Der folgende Auszug aus dem Tagebuch von Ramsey, der erblindete und durch einen nicht operierbaren Gehirntumor sehr eingeschränkt war, zeigt, wie eine neue Sicht und sogar ein neuer Glaube durch das Gehaltensein im Hospiz entstehen kann und wie das Sterben, aber auch der Trauerprozess schliesslich zu neuem inneren Wachstum führte:

26.8.1978: Ich glaube, ich bin erstaunlicherweise gerade dabei, Gott zu finden. Ich weiss nicht, wie das genau geschieht, aber ich ahne, dass Jesus mich finden wird und mich zu dem machen wird, was ich bin und zu mehr und das scheint nicht mehr allzu fern zu sein. Die Tatsache, dass Er kommt, gerade dann, wenn ich ihn am meisten brauche, ist wunderbar. Dass Er in solch kurzer Zeit und auf mir angemessene Weise kommt, das bedeutet, so hoffe ich, dass Jesus Christus sich um mich kümmert; für mich ist das sehr wichtig, und ich bin fest überzeugt, dass es wahr ist. Annie schreibt wieder, Jill schreibt auch, Menschen, die mich kennen, lieben mich und werden bei mir stehen für immer. All das ist wunderbar. Erst jetzt realisiere ich langsam, wenn ich über Gott nachdenke, dass Er es weiss und mich als eine wichtige Person erachtet. Ich finde es ziemlich aufregend, über

---

6   V. E. Frankl, Der Mensch vor der Frage nach dem Sinn, München [20] 2007.

meine Zukunft nachzudenken und zu realisieren, dass Jesus irgendwie mit meinem Leben etwas vorhat. Ich wünschte, ich hätte vorher so denken können. Was für mich so aufregend ist, ist die Möglichkeit, mein Leben in dieser und in der anderen Welt in allen Bereichen auszuweiten, die mir jetzt zugänglich sind.

Das Leben leben und den Tod leben, das, so dachte ich immer, ist eine merkwürdige Sache. Ich denke immer noch, dass das ein schräger Gedanke ist. Ich will aber versuchen, gerade das so zu gestalten, dass es einen Ort gib, an dem ich mit allen sein kann, ob ich tot oder lebendig bin; ein Ort, der sich nicht verändert. Ich weiss nicht, wie es geschehen wird, aber ich weiss, es wird passieren. Ich weiss nicht, ob ich für immer sterben werde, aber ich weiss, es ist nicht so wichtig, weil sich jemand um mich kümmert. Und ich werde mit ganzem und bestem Vermögen das tun, was Gottes Wille ist. Das ist alles, worauf es ankommt. Es scheint so, als würde ich am Anfang meines Lebens mit Gott stehen und das ist fantastisch.

Ramseys Syntax war schon verwirrt, aber was er zu sagen versuchte, ist deutlich. Er starb zwei Wochen später, sehr friedvoll.

Wir alle brauchen Sinn in unserem Leben. Den Tod vor Augen zu haben, scheint zunächst allen Sinn zu zerstören. Viele Menschen finden Selbstbewusstsein durch das, was sie tun, und finden dadurch ihren Platz in der Welt. Wenn diese Rolle verloren geht – wie auch Ramsey seine Rolle als Fernsehproduzent verlor –, dann scheint auch ihr Selbst verletzt. Wie viele andere auch entdeckte Ramsey aber als Antwort auf seine vollständig neue und extrem unfreie Situation ein neues Selbst. Der Körper scheint eine Weisheit eigener Art zu haben. Wenn wir seinem Diktat folgen, während seine Kräfte allmählich schwinden, so können die geistigen Kräfte eine neue Dynamik und Kreativität freisetzen. Diejenigen, die wie Ramsey nach einer neuen und bleibenden Wahrheit in ihrem Leben suchen, finden, dass sie ihr Leben hoffnungsvoll loslassen können. Diese Hoffnung ist nicht an etwas Unzerstörbares im Selbst gebunden, sondern sie besteht im Vertrauen auf Gott, dessen Hände uns im Sterben wie im Leben halten. Diejenigen, die die Kraft nicht mehr haben, für sich selbst zu beten, sind in den Gebeten und der Liebe anderer getragen, «wo ich sein kann mit allen anderen» (Ramsey), und vor allem gibt es ein Vertrauen zu Gott, der um unsere Fähigkeiten weiss. Sein Urteil, hier wie im Jenseits, ist ein Zurechtrücken der Dinge. Und so wie wir glauben, dass wir in den Erinnerungen von Menschen, die uns lieben, weiterleben, so können wir auch darauf vertrauen, dass unsere Seele sicher ist, in der unbezwingbaren Liebe Gottes weiterzuleben. Auf diese Weise gewinnen wir Vertrauen gegenüber der Gemeinschaft der Heiligen, der Familie Gottes.

Ramsey hatte diese ungewöhnliche Gabe, in seiner späten Entdeckung Gottes dies ausdrücken zu können. Viele andere haben keine Worte, oder wenigstens keine traditionellen Redewendungen dafür. Sie zeigen aber durch ihre Haltung, ihre Gesten und durch ihren Austausch mit anderen, dass sie selbst vieles entdecken und dem vertrauen, was ihnen begegnet. Wir sind der festen Überzeugung, dass diese Anstrengung sie zur ‹Wahrheit› führen wird.

Paula, eine junge, blonde und schöne Frau, vertauschte im Hospiz das Kreuz mit einem gehörnten roten Teufelchen. Sie war voll Freundschaft und für uns sehr unterhaltend, aber für spirituelle Fragen hatte sie offensichtlich keine Zeit. Erst in ihrer letzten Nacht stellte sie einer Krankenpflegerin die Frage, an was sie eigentlich glaube. Nachdem diese in wenigen Sätzen von einem Bekenntnis zu Christus gesprochen hatte, sagte Paula: «Ich könnte nicht sagen, dass ich das je geglaubt hätte, auch jetzt nicht, aber wäre es in Ordnung, wenn ich einfach sage, dass ich hoffte?» Dann nahm sie die falschen Wimpern ab, die sie sonst Tag und Nacht trug, und gab sie der Schwester mit den Worten: «Die will ich jetzt nicht mehr.»

Aber was ist mit denen, die eine solche Chance nicht bekommen oder sie nicht nutzen? Was ist mit denjenigen Menschen, die nur die Abwesenheit Gottes in ihrer Schwachheit spüren oder meinen, dass sie ihren Glauben verloren haben? Für einige mag es eine Hilfe sein, wenn sie sich an die Passion Christi erinnern, an die Worte unseres Herrn im Garten Getsemani: «Wenn es möglich ist ...», oder an seine Worte in der Dunkelheit des Kreuzes: «Warum hast du mich verlassen?» Andere, die kein Licht im Leben finden, werden Gott sicher im Tod finden.

In Seinem vierten Wort am Kreuz ging Christus in die tiefsten Tiefen, in die ein Mensch kommen kann. Hier legte er sich selbst als Fundament, das uns helfen kann, hinüberzugehen – so als würde Beton über einen Sumpf gelegt ... Wie tief auch immer die Sorgen oder wie gross die Scham für dich oder mich auch sein mögen, es ist nicht bodenlos. Er ging noch tiefer hinab – damit wir hinübergehen können.[7]

Und sicherlich können wir hoffen, dass solch eine Liebe vollständig offenbar werden wird für alle, während sie sterben und in seine Präsenz aufgenommen werden. Für diejenigen, die den Patienten begleiten, für die Familie wie für das Personal, kommt ein anderer Satz von Getsemani hinzu: «Wachet mit mir!» Jesus verlangte nicht, dass die anderen seine Situation ‹ändern›, sie ‹erklären› oder ‹verstehen›. Es war vielmehr die einfache, aber ihm kostbare Bitte: «Bleibt bei mir.»

---

7   B. Clements, zitiert in: The unity book of prayers, London 1969, S. 103.

Die wichtigste Grundlage für St. Christopher's ist die Hoff-
nung. Die Hoffnung nämlich, während unseres «Wachens»
immer besser zu lernen, wie wir sie von ihren Schmerzen und
Nöten befreien können, wie wir sie besser verstehen und so aus
ihrer Einsamkeit befreien können, aber nicht nur das, sondern
auch, wie wir schweigen, wie wir zuhören und einfach da sein
können. Wenn wir das lernen, werden wir auch merken, dass
die wirkliche Arbeit nicht von uns allein geleistet wird. [8]

Diese Worte wurden vor zwei Jahrzehnten geschrieben. Die
Hospizbewegung, die sich mit dem Sterben, mit chronischen
Erkrankungen und der Trauer auseinandersetzt, hat seither
einen weiten Weg zurückgelegt. Ihre grundlegenden Erkenntnisse und Prinzipien sind inzwischen auch in die Pflege in
allgemeinen Krankenhäusern und in die Hauspflege eingeflos-
sen. Durch medizinische Forschung und sorgfältige Pflege hat
sie sich bemüht, die tatsächlichen Schmerzen im Endstadium
einer Krankheit und die Angst davor aus dem Weg zu räumen.
Zudem erkannte sie, dass auch die Familie Teil des Begleit-
netzes ist, und dass jeder dieser Familien geholfen werden
sollte, ihre eigenen Stärken zu entdecken und sich dabei so
viel wie möglich mit der Wahrheit und der Realität der Situation auseinanderzusetzen. Alle, die hier mitarbeiten, haben
sich den Emotionen und Ängsten sowohl der Patienten wie
der Angehörigen nicht verschlossen. Sie sind vielen Menschen
begegnet, die eine Entwicklung vom Nichtwahrhabenwollen
über graduelles Realisieren bis hin zum Annehmen der Situation durchmachten. Dabei haben sie so viel Gastfreundschaft
geboten, wie sie konnten. Sie haben entdecken können, dass
sie oft eher Beschenkte als Gebende waren, weil sie neue
Kraft und Einsichten von denen bekommen haben, welche

8   C. Saunders, Watch with me, in: Nursing Times, November 1965
    (Bd. 61, Nr. 48), S. 1615–1617.

sie begleiteten. Dem Tod ins Auge zu sehen, bedeutet auch, dem Leben ins Auge zu sehen. Sich mit dem einen auseinanderzusetzen, bedeutet gleichzeitig, viel über das andere zu lernen. Menschen, die bei uns arbeiten, haben gelernt, wie wichtig es ist, seine Erfahrungen mit anderen auszutauschen und über Verlust- und Trauererfahrungen zu sprechen. Ein Hospizteam muss eine Art Gemeinschaft sein. Wir haben es oftmals erfahren, dass Menschen jenen Gott, der selbst gestorben ist, an ihrer Seite akzeptieren, dass er fähig ist, ihnen Mut zu schenken, und dass sie ihn mit grösserer Klarheit erkannt haben als zuvor.

Als Er als Mensch geboren wurde … Da zog er das bleierne Leichenhemd an, welches der sterbende Körper ist. Und am Kreuz zog es ihn hinunter, schmerzlich schwer, reissend an den grossen Nägeln, Gott einhüllend, ihn blendend zur Blindheit des Menschen. Aber dort, verdunkelt in jenem Gewand aus tödlichem Blei, jenseits aller Hoffnung, hatte Gott den Mut, auf hoffnungslose, hilflose Dinge zu vertrauen, auf milde Gnade, Heiligkeit, gekreuzigte Liebe. Und dieser Mut, er war zu kostbar und kühn und schnell für dummes Blei, um Gefängnis zu sein, sondern brach hindurch, das Blei verdünnend, es in Kristallglas verfeinernd und einschmelzend, um nun eine Lampe für Gottes brennendes Licht zu sein. Die Menschen sollen Mut fassen … dann sehen sie, wie hell Gott scheint.[9]

Die christliche Antwort auf das Geheimnis des Leidens und des Todes findet sich nicht in einer Erklärung, sondern in seiner Präsenz. Albert der Grosse übersetzte Boethius, als er erschüttert über die Leiden des Mittelalters aufschreien musste. Unser Schrei heute ist wie ein Echo auf seine Erfahrungen –

9   H. F. M. Prescott, The man on a donkey, New York 1952, S. 1537.

und die Antwort ist dieselbe: «Wird etwa das Werk zum Meister sagen: Warum hast du mich so gemacht?» (Jeremia 18,6; Römerbrief 9,20) Albert der Grosse wird diese Antwort übersetzen, die keine Antwort der Logik ist, sondern eine Antwort als ein Übermass von Licht.

> O Father, give the spirit power to climb
> To the fountain of all light, and be purified.
> Break through the mists of earth, the weight of the clod,
> Shine forth in splendour, Thou that art calm weather,
> And quiet resting place for faithful souls.
> To see Thee is the end and the beginning,
> Thou carriest us, and Thou dost go before,
> Thou art the journey, and the journey's end.[10]

H. Wandell

---

10 «O Vater, schenk uns deinen Geist zu steigen
zu den Quellen des Lichts, mach uns rein.
Breche hervor durch den Nebel der Erde, durch die Schwere der Erde.
Scheine stark in wunderbarem Glanz, der du sanftes Wetter bist
und ein Ruheplatz für treue Seelen.
Dich zu sehen ist das Ende und der Anfang,
Du trägst uns und gehst uns voraus,
Du bist die Reise und der Reise Ziel.»
H. Wandell, Poetry in the dark ages, London 1948, S. 26.

EINE LEBENSREISE IM BEREICH
DER THERAPIE (1996)

Dieser Artikel erschien Weihnachten 1996 im *British Medical Journal*.[1] Er wurde nach der Veröffentlichung wiederholt zitiert und fand eine breite Leserschaft. Cicely Saunders blendet darin zurück in die Zeit vor der modernen Schmerzkontrolle und fasst ihr Konzept des «total pain» zusammen – nach wie vor das wichtigste Konzept zum Verständnis des Schmerzes in der Palliative Care.

---

1   Unter dem Titel *A Personal Therapeutic Journey,* zuerst publiziert in: The British Medical Journal, 21.–28. Dezember 1996 (Bd. 313), S. 1599–1601.

Ich begann meine Ausbildung als Stationsschwester 1941 im St. Thomas's Hospital. Wir hatten damals eine sehr beschränkte Auswahl an Medikamenten, welche mit der Zeit Sulfonamide einschloss, aber keine anderen Antibiotika und nur wenige andere Mittel, die heute selbstverständlich dazugehören. So gab es keine Diuretika, keine antihypertensiven Medikamente, keine Antiemetika oder irgendwelche Arten von Psychotropika ausser Barbituraten und Chloral. Linctus, Mistura Expectorans oder Mistura Kaliumiodid, und die furchtbar schmeckenden Kaliumzitrate wurden regelmässig verschrieben. Vieles, was wir damals machten, würde heute schlicht als ‹museale Pflege› abgetan werden. Wir kochten unsere ‹Porridgetöpfe› ab für unsere Salben, wir falteten unser Verbandmaterial für die Sterilisierung selbst zusammen und legten unsere Nadeln in Alkohol ein, um sie ein weiteres Mal zu gebrauchen. Operationstage waren ein Alptraum, weil viele Patientinnen und Patienten sich übergeben mussten.

Junge, sterbende Patientinnen und Patienten, die Tuberkulose hatten oder bakterielle Blutvergiftungen infolge von Kriegsverletzungen, flehten uns an, sie irgendwie zu retten. Wir hatten jedoch wenig anzubieten – nur unsere engagierte Pflege. Eitrige Knochenentzündungen führten des Öfteren zu Amputationen und Magenabszesse zu einer völligen Milchunverträglichkeit. Penicillin trat nach dem D-Day in Erscheinung, als Soldaten ankamen, die zu uns sagten, dass sie keine stumpfe Nadel mehr ertragen könnten. Wir hatten Morphin für Injektionen, machten aber sehr spärlich davon Gebrauch.

Wir arbeiteten zwölf Nachtschichten hintereinander. Dann hatten wir wieder zwei Nächte frei, und das über einen Zeitraum von drei Monaten. Wir teilten dabei noch die Tage unter uns auf, und einen Tag pro Woche hatten wir frei, ab 17 Uhr des vorhergehenden Tages. Damals war ich von der vielen Arbeit sehr müde, aber sehr glücklich und zufrieden. Niemals habe ich die damaligen Kolleginnen aus den Augen verloren. Wir alle, die noch leben, treffen uns bis heute regelmässig.

1944 musste ich aufgrund meiner massiven Rückenprobleme mit der Arbeit aufhören und ging nach Oxford zurück. Ich legte dort die Abschlussprüfung ab, hatte eine Operation an der Wirbelsäule und ging zurück ins St. Thomas's Hospital, um dort als Fürsorgerin (heute Medizinische Sozialarbeiterin) zu arbeiten.

Brompton-Cocktails

Im März 1948 begann ich ein- bis zweimal pro Woche als freiwillige Mitarbeiterin im St. Luke's Hospital zu arbeiten. Dieses Krankenhaus war eines der wenigen, das sich auf unheilbar Kranke spezialisiert hatte. Es stellte damals 48 Betten für Menschen bereit, die schwer an Krebs erkrankt waren. Hier traf ich zum ersten Mal auf das regelmässige Verabreichen eines modifizierten ‹Brompton-Cocktails›[2], der den Patientinnen und Patienten alle vier Stunden gegeben wurde. In St. Luke's liess man das Cannabis und, wie ich glaube, auch das Kokain weg. Ausserdem wurde dort die Morphium-Dosis den Bedürfnissen der Patientinnen und Patienten angepasst. Wenn mehr als 60mg nötig waren, so wurde die Dosis gespritzt. Hyoscin wurde zusammen mit Morphin bei starker Beunruhigung im Endstadium der Krankheit verabreicht.

Von 1951 bis 1957 studierte ich dann Medizin und arbeitete erneut im St. Thomas's Hospital. Damals tauchten revolutionäre neue Medikamente auf, mit denen man Symptome besser behandeln konnte. Als ich im Oktober 1958 im St. Joseph's Hospice zu arbeiten begann, waren die ersten

2   Eine Mischung aus Morphin, Kokain und Alkohol.

Phenothiazine, Antidepressiva, Benzodiazepine, synthetische Steroide und die nicht-steroidalen entzündungshemmenden Medikamente schon alle im Einsatz. Im Rahmen eines klinischen Forschungsstipendiums unter der Leitung von Harold Stewart vom pharmakologischen Institut ‹St. Mary's Medical School› konnte ich mit meinen Forschungen zu den Schmerzen im Endstadium einer Krebskrankheit und ihrer Linderung beginnen.

Das St. Joseph's nahm mich sehr freundlich auf. Die irischen Ordensfrauen ‹Sisters of Charity› hatten bereits in den frühen 1950er Jahren den dortigen Thoraxspezialisten mit den neuen antituberkulösen Medikamenten willkommen geheissen und waren bereit für weitere Innovationen.

Zwei Ärzte, die die regelmässige Visite übernommen hatten, freuten sich über Hilfe. Sie hatten bereits begonnen, Chlorpromazine zu benutzen, aber sie gaben Morphin weder oral noch verabreichten sie es regelmässig, sondern stützten sich auf Injektionen und oral verabreichtes Pethidin. Morphin zusammen mit Alkohol und Kokain und Cyclizin als Haupt-Antiemetikum gegen Übelkeit und Erbrechen wurden oral verabreicht. Die Dosen waren fast alle so gering, wie ich es von St. Luke's kannte. Die therapeutischen Fortschritte und die Möglichkeit, sich für Patientengespräche und die jeweilige Lebensgeschichte Zeit zu nehmen, veränderten die Krankenstationen.

Mit der Zeit nahmen wir uns der anderen Symptome an. Ich bemühte mich, einen Versuch mit Nepenthe (einem oral verabreichten Opioid) mit oder ohne Aspirin durchzuführen, musste aber einsehen, dass die klinische Pflege von 45 Patientinnen und Patienten im Alleingang es verunmöglichte, den Versuch zu einem Abschluss zu bringen. Stattdessen konnte ich aber im November 1962 in einem Bericht an die ‹Royal Society of Medicine› nach Auswertung von 900 Patientendaten festhalten: «Verträglichkeit und Abhängigkeit stellen für uns keine Probleme dar. Dies gilt auch für jene Patientinnen und Patienten, die am längsten bei uns bleiben.»[3]

Vertrauen

Damals hatten wir angefangen, Diamorphin zu verabreichen. Mit diesem Medikament waren noch keine wissenschaftlichen Forschungen durchgeführt worden. Nur einige klinische Berichte besagten, dass es wenig Nebenwirkungen gab. Wir gebrauchten es für 42 unserer ersten 500 Patientinnen und Patienten. Hauptsächlich behandelten wir damit Patientinnen und Patienten, die unter schwerer Übelkeit litten, und Patientinnen und Patienten, die mit Erstickungsängsten zu kämpfen hatten. In dieser Zeit glaubten wir, dies sei das beste Medikament, aber ich realisierte zwei Dinge: Erstens, wir wurden besser und bekamen grösseres Zutrauen zu unserem Handeln, und zweitens, unser eigener Enthusiasmus musste die Tests überstehen. Die späteren Forschungsarbeiten in St. Christopher's, die von Dr. Twycross durchgeführt wurden, haben gezeigt, dass zwischen oral verabreichtem Morphin und Diamorphin keine klinisch erkennbaren Differenzen bestehen.[4]

Während der sieben Jahre in St. Joseph's, zwischen 1958 und 1965, weiteten wir unser Medikamentenspektrum aus, auch die Therapien unserer Patientinnen und Patienten erweiterten sich. Viele bekamen vermehrt Strahlentherapie. Gautier Smith[5] kam gelegentlich zu uns, um ‹Nervenblockaden› durchzuführen. Ich publizierte und lehrte in dieser Zeit regelmässig. Es entstand durch diese Arbeit ein Handout bezüglich der Medikamente, die ich sowohl in St. Joseph's als auch im 1967 eröffneten St. Christopher's Hospice gebrauchte. Das

3 C. Saunders, The treatment of intractable pain in terminal cancer, in: Proceedings of the Royal Society of Medicine, 1963 (Bd. 56), S. 195–197.

4 R. Twycross, Choice of strong analgesic in terminal cancer care: morphine or diamorphine?, in: Pain, 1977 (Bd. 3), S. 93–104.

5 Bekannter englischer Neurologe.

Handout wurde im Laufe der Jahre immer wieder vervollständigt, vergrössert und erweitert.

Seither sind Bücher und Beiträge von Robert Twycross[6] und anderen hinzugekommen. Nun haben wir das *Oxford Textbook of Palliative Medicine*. Die Grundsätze der Therapie sind, so glaube ich, seit 1963 gleich geblieben:

> *Wir glauben, dass es einige grundsätzliche Regeln in der Behandlung schwerer, unerträglicher Schmerzen gibt. Zuerst gilt es, so sorgfältig als nur irgend möglich die Schmerzen des Patienten zu eruieren, die ihm zu schaffen machen. Das dient nicht dazu, eine Diagnose vorzunehmen und eine spezielle Behandlung zu verordnen, weil das bereits geschehen ist, sondern um die Schmerzen und alle anderen Dinge, die den elenden Gesamtzustand des Patienten verursachen, als eine Krankheit in sich selbst zu behandeln.[7]*
>
> *Es wurde uns bald deutlich, dass jeder Tod so individuell war wie das jeweilige Leben, das ihm voraus gegangen war, und dass die ganze Erfahrung dieses Lebens sich im jeweiligen Sterben reflektierte. Dies wiederum führte zur Konzeption von Schmerz als «total pain». Dieses Verständnis von Schmerz umfasst körperlichen, emotionalen, sozialen und spirituellen Schmerz. Die Erfahrungen der Patienten beinhalten auch Angst, Furcht und Depression, Sorge um die Angehörigen, die in die Trauer gestürzt werden, und oft das Bedürfnis, der Situation einen Sinn geben zu können, eine tiefere Wirklichkeit zu finden, der sie vertrauen können.*
>
> *Dies wurde der Schwerpunkt vieler meiner Lehrveranstaltungen und Veröffentlichungen zu Themen wie dem Wesen*

---

6 Brititscher Neurologe.
7 C. Saunders, The challenge of terminal care, in: T. Symington, R. L. Carter (Ed.), Scientific foundations of oncology, London 1976, S. 673–679.

des Schmerzes und dem Umgang mit Schmerz im Endstadium
oder der Familie als wichtiger Pflegeeinheit.[8]

Von der Bedeutung der aktiven, ganzheitlichen Begleitung

Bald erkannte man auch, dass es sowohl vor als auch nach dem
Tod eines Patienten Unterstützung brauchte, besonders dann,
wenn er oder sie zu Hause sterben wollte und die Angehörigen
die Pflege übernahmen. Die Weltgesundheitsorganisation hat
folgende Definition veröffentlicht:

> *Palliative Care ist die aktive ganzheitliche Betreuung von Pati-*
> *enten, deren Krankheiten nicht heilbar sind. Schmerzkontrolle,*
> *Kontrolle anderer Symptome sowie die psychologische, soziale*
> *und spirituelle Begleitung sind von grosser Bedeutung. Das Ziel*
> *von Palliative Care ist es, die bestmögliche Lebensqualität für*
> *die Patienten und deren Familien zu erreichen.*[9]

Die Grundlagenforschenden und klinisch Forschenden, zusammen mit Ärzten, Pflegenden und vielen anderen Menschen, die
in diesen Institutionen tätig sind, haben seither die Erkenntnisse erweitert und einen detaillierten Einblick in das Wissen
um den körperlichen Schmerz gewonnen. Die Bedeutung der
regelmässigen Abgabe von Schmerzmitteln hat breite Anerkennung gefunden und wird als wesentliches Element in der
Schmerzbekämpfung etwa bei Krebs angesehen. Dies ist eines
der grundlegenden Prinzipien in der WHO-Broschüre über
Schmerzbekämpfung bei Krebs, die nun in verschiedenen Sprachen und in der zweiten Auflage erhältlich ist.[10]

8   C. Saunders, The care of the dying patient and his family, in:
     Contact, 1972 (Bd. 38), S. 12–18.
9   World Health Organisation, Cancer pain relief, Genf, 1996.
10 World Health Organisation, Expert Committee, Report.
     Cancer pain relief and palliative care, Genf 1990.

Nach mehr als dreiunddreissig Jahren sind die wichtigsten Prinzipien immer noch dieselben, obgleich sich die symptombezogene Behandlung sehr ausdifferenziert hat. Spezialisten der Palliative Care müssen sich über neue Entwicklungen in allen relevanten Disziplinen auf dem Laufenden halten.

Zahlreiche therapeutische Entdeckungen der letzten Jahre waren für die Palliative Care bedeutsam. Beispielsweise ist die pharmakologische Behandlung des terminalen Darmverschlusses durch den Gebrauch von Octreotid entschieden verbessert worden. Hypercalcämie kann jetzt identifiziert und mit Bisphosphonaten behandelt werden. Im Bestreben, alte Annahmen zu überprüfen, gehen die Forschungen weiter, um beispielsweise bessere Wege für die Behandlung von Atemnot oder der Folgen, welche die Dehydration hervorruft (und die nicht immer symptomatisch sind), zu finden. Neuropathischer Schmerz ist heute besser kontrollierbar, aber auch hier ist weitere Forschung nötig. Wenn ich in die Zukunft schaue, denke ich, dass wir aufpassen müssen, kein post-antibiotisches Zeitalter anzusteuern. Was auch immer geschehen wird, wir sollten weiterhin genau hinhören und uns Fragen stellen. Meine Erfahrung hat mir aber auch gezeigt, dass die Praxis der Medizin mehr umfasst als nur spezifische Behandlungsformen.

Wir waren die Gastgeber

Die Fortschritte in der Pharmakologie und die neuen Behandlungstechniken sind aber noch nicht alles. In den vorbereitenden Kursen unserer Pflegeschule wurde uns beigebracht, Gastgeber für unsere Patienten und ihre Familien zu sein. Es war ausserdem selbstverständlich, dass wir an den Morgen- und Abendgebeten der Station teilnahmen und unsere ‹letzten Dienste› mit Sorgfalt und Respekt ausführten. Das Leben hat sich in den letzten fünfundfünfzig Jahren stark gewandelt, aber die Bedürfnisse der Menschen, obwohl vielleicht ganz anders ausgedrückt, gehen weit über das rein Körperliche hinaus. Palliativmediziner sind nicht nur ‹Symptomologen› wie Kearney[11] es einmal ausdrückte.

Jetzt, da Palliative Care weltweit Anwendung findet, ist es wichtig, immer wieder in Erinnerung zu rufen, was die WHO-Definition betont: Dass es bei Palliative Care auch immer um die spirituellen Bedürfnisse der Patienten und ihrer Familien geht. Dies beruht auf einem Verständnis von Personsein, welches davon ausgeht, dass der Mensch eine unteilbare Einheit ist: Er ist sowohl ein körperliches als auch geistiges Wesen: «Die einzig angemessene Haltung gegenüber einer Person ist der Respekt; das heisst auch, jede einzelne Person im Kontext ihrer Kultur und ihrer Beziehungen wahrzunehmen und so jeder Person ihren individuellen Wert zuzubilligen.[12] Die Suche nach Sinn, nach etwas, worauf auf wir Menschen vertrauen können, mag auf sehr unterschiedliche Weise, direkt oder indirekt, mit Metaphern oder durch Stille, in Gesten oder Symbolen ausgedrückt werden, vielleicht vor allem in der Kunst und in dem überraschenden kreativen Potenzial am Ende des Lebens.

Diejenigen, die in Palliative Care tätig sind, sollten begreifen, dass auch sie selbst aufgefordert sind, all diese Dimensionen des Lebens und Fragens wahrzunehmen. Die meisten Pflegepersonen wie auch Patientinnen und Patienten, leben in einem säkularisierten Kontext und haben keine religiöse Sprache mehr. Natürlich haben manche noch ihre religiösen Wurzeln, kennen geistliche oder liturgische Übungen oder sie finden in den Sakramenten Trost. Aber andere haben das nicht. Unsensible Ratschläge von Gläubigen schätzen sie durchaus nicht. Es ist in jedem Fall sehr wichtig, dass wir nicht nur als professionelle Helfer kommen, sondern auch als normale, verletzliche Men-

---

11 M. Kearney, Palliative medicine just another specialty?, in:
    Palliative Medicine, 1992 (Bd. 6), S. 39–46.
12 M. Mayne im persönlichen Gespräch, 1992.

schen. Da braucht es manchmal gar keine Worte unsererseits, sondern nur aufmerksames Zuhören. Für jene, die über ihre tiefsten Bedürfnisse nicht reden wollen, kann die ganzheitliche Art und Weise der Hilfe die verstecktesten Orte erreichen. Manche Gefühle der Angst und der Schuld scheinen so stark zu sein, dass jeder Trost verstummt. Doch viele von uns haben erfahren, dass eine innere Reise stattfindet und dass Menschen am Ende ihres Lebens Frieden finden können. Wichtige Beziehungen finden neue Tiefe oder erfahren Versöhnung, sogar neue Selbstwertgefühle können entstehen. Eine aktuelle Studie zeigt, wie dies unter heutigen gesellschaftlichen Bedingungen der Moderne geschieht.[13]

Auf meiner Lebensreise im Bereich der Therapie habe ich eine aussergewöhnlich erfolgreiche Entwicklung in der medikamentösen Behandlung von Schmerz und anderen Symptomen erlebt. Es bleibt eine Herausforderung, die Medikamente richtig einzusetzen, und andere darin gut auszubilden. Sowohl im Mitmenschlichen wie auch im Professionellen aber gibt es etwas Grundlegendes, das für unsere Arbeit von zentraler Bedeutung ist. Jede und jeder von uns, die Patienten oder ihren Familien begegnet, wird herausgefordert, diese Dimensionen wahrzunehmen. Unsere eigene, professionelle Sensibilität für Sinnfragen kann ein Klima schaffen, wie wir es – oft hilflos – seit vielen Jahren versuchen, in dem sich Patienten und Familien vertrauensvoll auf das konzentrieren können, was *für sie* die Wahrheit ist, worin sie Mut und Annahme dessen finden können, was mit ihnen geschieht.

---

13   C. Seale, Heroic death, in: Sociology, 1995, (Bd. 29), S. 597–613.

CONSIDER HIM – BEDENKE
SEINE PASSION (2003)

In dieser Vorlesung, gehalten im Juni 2003 in
der Westminster Cathedral Hall,[1] nimmt Cicely
Saunders noch einmal das Thema des persönlichen Glaubens als Inspiration und Motivation
für ihre therapeutische Arbeit auf. Die Ausfüh-
rungen lassen sich auch als aussergewöhnliche
Zusammenfassung von Cicely Saunders Lebenswerk und Philosophie lesen.

---

1   Diese Vorlesung war Teil einer Vorlesungsreihe,
    organisiert durch die Christian Life Community zum
    Thema *The spiritual exercises of St. Iganatius in the
    varieties of human experience. Consider Him*; sie
    nimmt den Buchtitel von O. Wyon auf: *Consider Him:
    three meditations on the Passion story*, London 1956.

Auf meinem Schreibtisch steht die gerahmte Fotografie eines Kruzifixes aus der wiederaufgebauten Kathedrale von Warschau, die gegen Ende des Aufstandes im Getto dem Erdboden gleichgemacht wurde. Dieses Kruzifix ist verbrannt, zerbombt und zerschossen. Die gekrümmte Gestalt aus Metall hängt an einem Arm vom Kreuz. Es sagt mir fortwährend: «Das ist es, was Warschau Gott angetan hat», aber auch: «Das ist es, was Gott ohne Ende immer wieder mit uns teilt.» Es ist gleichsam ein Echo von Dietrich Bonhoeffers Aussage aus dem Gefängnis: «Nur der leidende Gott kann helfen.»[2]

Dieses Bild ist auch eine Darstellung des Gottes, dem wir in unserer täglichen Hospizarbeit begegnen. Unser Seelsorger sagt manchmal: «Mag es hier Karfreitag sein, es ist immer auch ein österlicher Ort.» Ich selbst begegne jetzt unseren Patientinnen und Patienten und ihren Familien in St. Christopher's nicht mehr oft. Aber wenn ich ihnen begegne (letzte Woche wurde ich von der Witwe eines ehemaligen Patienten umarmt), so erfüllt mich das noch immer mit tiefer Freude. Vor nicht allzu langer Zeit wartete ich in unserer Empfangshalle, die unweit von unserer Kapelle ist. Ich sah, wie ein Mann eine Kerze in der Kapelle anzündete. Anschliessend kam er auf mich zu und dankte mir für die Hospizarbeit und fügte hinzu. «Meine Frau war hier sehr glücklich.» Es ist ein Ort, an dem das ‹Sakrament› des Bechers kalten Wassers und das der Fusswaschung immer wieder praktiziert werden – oft von Menschen, deren Dienst einfach die Pflege ist, ohne erklärte und anerkannte geistliche Bindung. Diese Haltung der gegenseitigen Zuwendung vermittelt allen, dass sie willkommen sind.

Meine spirituelle Reise und die Suche nach Gott begann, als ich während des Krieges Krankenschwester war. Die Bücher von C. S. Lewis, Dorothy Sayers Buch *Zum König gebo-*

---

2   Dietrich Bonhoeffer, Widerstand und Ergebung. Briefe und Aufzeichnungen aus der Haft. Hg. von Eberhard Bethge, München 1970, S. 394.

ren und Helen Waddells Schrift *Peter Abelard*, aber auch der christliche Glaube meiner Kolleginnen führten mich 1945 dazu, dass ich zu Gott kam, ‹ohne jede Ausrede›. Etwas in meinem Herzen sagte mir: «Nimm einfach an.» Ich glaubte und vertraute darauf, dass Gott sagte: «Ich habe alles getan.» Und ich fühlte, als ich umkehrte oder umgekehrt wurde, dass der Wind, der so lange in mein Gesicht geblasen hatte, mir jetzt meinen Rücken stärkte.

Die nächsten drei Jahre absolvierte ich meine Ausbildung und war in der Sozialarbeit im Krankenhaus tätig, musste dann aber leider meinen Pflegeberuf aus gesundheitlichen Gründen aufgeben. Während dieser Zeit war ich oft in der Kirche ‹All Souls› und mit Freunden zusammen, die evangelikal geprägt waren. Ich bin für diese Zeit sehr dankbar, da ich damals anfing, die Bibel gründlich zu lesen.

Ich wusste in dieser Zeit nicht, wozu ich berufen war, bis ich im Juli 1947 David Tasma, einen Juden aus Warschau, traf, der an einer schweren Krebserkrankung litt. Nach seiner Entlassung aus dem Krankenhaus kümmerte ich mich um ihn, da ich ahnte, dass er als alleinstehender Mensch in seiner kümmerlichen Behausung bald gesundheitliche Schwierigkeiten bekommen würde. Bald darauf wurde er wieder ins Krankenhaus eingeliefert, und während dieser Zeit war ich seine einzige regelmässige Besucherin. Damals war er vierzig Jahre alt und sprach mit mir über sein Leben und über seinen – verlorenen – jüdischen Glauben, auch über sein Gefühl, dass er bis jetzt noch nichts in der Welt zustande gebracht habe, was später die Erinnerung an ihn wachhalten würde. Wir sprachen über ein Heim, das ich mir zu gründen wünschte, mit besserer Schmerz- und Symptombehandlung für Sterbende und mit Achtsamkeit und Zeit für die Patienten. Es war sein letzter Wille, dass ich seine Ersparnisse von 500 Pfund bekommen sollte, und er sagte mir: «Ich möchte ein Fenster in deinem

Haus sein.» Eines Abends fragte er mich plötzlich, ob ich ihm nicht irgendetwas Tröstliches vorlesen könne. Da ich um seinen jüdischen Hintergrund wusste, sprach ich zuerst Psalm 23 und dann das *Venite* und schliesslich *Ich erhebe meine Augen.* Durch mein Singen im Chor konnte ich viele dieser Verse auswendig. Als ich es aber aus der Bibel vorlesen wollte, sagte er mir: «Nein, ich möchte nur das hören, was in deinem Herzen und in deinen Kopf ist.» Noch in der gleichen Nacht lernte ich *De profundis* für ihn auswendig. Und später erzählte er der Nachtschwester: «Ich habe meinen Frieden gemacht mit dem Gott meiner Väter.» David Tasma starb wenige Tage darauf. Sein Arbeitgeber und ich waren die einzigen Trauergäste, die an seinem Grab gemeinsam Psalm 91 aufsagten.

Zwei Tage später ging ich zur Kirche ‹All Souls› zu einem Gebetskreis. Wir begannen mit einem Lied, *How sweet the name of Jesus sounds,* doch ich dachte im Stillen bei mir selbst: «Nicht aber für ihn …» Doch da spürte ich, dass mir jemand gewissermassen auf die Schulter tippte und mir sagte: «Er kennt mich jetzt viel besser, als du es tust.» Diese Botschaft, die bekräftigte, dass alle ins Paradies eingehen, wie ungläubig sie auch sein mögen, ist für mich in all den Jahren von zentraler Bedeutung geblieben. David hatte seinen Weg in der Freiheit des Geistes gefunden. Dies alles zusammen, die Aufforderung zur Offenheit, die im Symbol des Fensters steckte, die Verbindung all der Sorgfalt des Geistes mit der Verwundbarkeit des Herzens, dies alles zusammen machten wir zu den Grundprinzipien der Hospizarbeit und der Palliative Care, und sie sind es, wie ich glaube, noch heute. Davids Fenster findet sich jetzt im Empfangsbereich von St. Christopher's, ein wunderbares Erbe, das eine Botschaft um die Erde schickt.

Neunzehn Jahre dauerte es, bis mein Heim um dieses Fenster herum gebaut war. Zuvor musste ich verschiedene medizinische Ausbildungen durchlaufen, verschiedene Forschung und Entdeckungen machen. Als ich dann in einem der ältesten protestantischen Häuser für ‹Sterbebegleitung› als ehrenamtliche Nachtschwester arbeitete, wurde mir plötzlich klar, dass dies meine Berufung war. Ich beobachtete dort, wie das Pflegepersonal regelmässig Morphin oral verabreichte und dies die Schmerzen der Patienten weit besser linderte, als ich es je zuvor erlebt hatte. Ermuntert durch einen Arzt[3], der mir immer wieder sagte: «Es gibt in Sachen Schmerzbekämpfung noch so viel zu forschen, und wenn Sie es nicht richtig studiert haben, werden Sie nur frustriert sein – und niemand wird auf Sie hören», begann ich drei Jahre später mit dem Medizinstudium.

Als ich im Oktober 1958 in St. Joseph's Hospice anfing, gab es fast keine Patientenkarteien und wenige Medikamente, die eingesetzt wurden. Die Patienten mussten ihr Morphin erst ‹verdienen›, indem sie über unerträgliche Schmerzen klagten.

Es war bemerkenswert, mit welch liebevoller Hingabe die irisch-katholisch Schwestern, ‹Sisters of Charity›, die Menschen dort pflegten, und wie sie eine Protestantin wie mich – noch vor dem Zweiten Vatikanischen Konzil – willkommen hiessen. Die Jahre dort verbrachte ich mit viel Praxis und ausführlichen Forschungen, und ich begann mit der regelmässigen und kontrollierten Abgabe von Schmerzmitteln. Daraus erwuchs die erste wirklich wissenschaftliche Grundlage für die Pflege und Begleitung sterbender Menschen. Während des Krieges hatten wir oft fast nichts ausser unserer Präsenz anzubieten, jetzt aber hatten wir andere Ressourcen, welche zusätzlich zu unserem Mitgefühl eingesetzt werden konnten.

In meinen Lehrjahren hatte ich vor allem die Unterstützung meiner Kollegen (viele waren entschieden jünger als ich), aber auch der Hilfe einer Patientin, Frau G., verdanke ich viel.

---

3   Dr. Barrett.

Barbara G. war jung, blind und von einer fortschreitenden Paralyse betroffen. Sie war Patientin in St. Joseph's, ich kannte sie seit mehr als sieben Jahren. Ihre Geschichte ist die eines Triumphes, eine wertvolle Freundschaft mit viel gemeinsamem Lachen. Zum Glauben kam sie in ihren Krankheitsjahren. Sie sagte einmal zu einem Medizinstudenten: «Einige Leute lesen die Bibel und bekommen dort Hilfe, andere gehen in die Kirche, erhalten ihre Stärkung dort – bei mir aber macht er es anders: Er schickt mir Menschen.» Viele von ihnen waren Mitglieder einer sehr offenen und entspannten ‹Christlichen Vereinigung› und ihr Einfluss war enorm. Neben anderen Gaben, die Barbara hatte, gab sie St. Christopher's seinen Namen. Sie sagte nur: «Hospiz?! Ein Ort für Durchreisende! Nun, du wirst es St. Christopher's nennen, oder etwa nicht?» Tausenden, vielleicht auch Millionen, verteilt über den gesamten Globus, konnte seither auf ihrer persönlichen Reise geholfen werden. Der 24. Juni 1959 war für mich ein besonderer Tag. In meiner täglichen Bibellesung stand: «Übergib deinen Weg dem Herrn und er wird es wohl machen.» Wiederum also tippte mir Gott an die Schulter und sagt zu mir: «Nun musst du aber mit deinem Projekt anfangen!» Nach einigen Einkehrtagen für mich allein, schrieb ich die erste Grundskizze meines Hospizprojektes, *The Scheme*, auf. Mit der Hilfe und der Unterstützung verschiedener Freunde begannen wir, die Vision in die Tat umzusetzen.

1960 traf ich Olive Wyon, unsere ökumenische Theologin, und Bischof Evered Lunt von Stepney, unseren *spiritual director*. Zusammen hielten wir Ausschau nach einer offenen christlichen Grundlage für unser Hospiz, und wir diskutierten die Frage, ob und in welcher Weise die Gründung einer Kommunität nötig sei. Denn ich hatte in St. Joseph's erlebt, wie sehr eine christliche Gemeinschaft der Aufgabe Kraft und Tiefe verleiht. Zwei oder drei Schwestern dieses Ordens waren, ohne jegliche Eifersucht, ebenso begeistert wie wir, als die ersten Spenden und Schenkungen eintrafen. Nach vielen intensiven Diskussionen darüber, welchen Charakter diese Kommunität haben sollte, schoben wir das Thema erst einmal beiseite, «das wird sich herausstellen, wenn wir dort angelangt sind», und unser gemeinsames Lernen hat seitdem nicht aufgehört. Meine Briefe und mein Gebetstagebuch aus dieser Zeit zeigen die Intensität unseres Suchens und auch die vielen Rückschläge.

Mit den regelmässigen Treffen des Leitungsgremiums begannen wir 1960. Zwei Jahre später kam eine grössere Gruppe zusammen, die in gemeinsamen Gesprächen mit der Theologin Olive Wyon und mit dem Bischof von Stepney die grundlegenden Ziele und Prinzipien unseres zukünftigen Hospizes diskutierte. Das alles geschah noch, bevor wir ein Grundstück für das Hospiz hatten. Eine Gruppe heutiger Mitarbeiter hat diese Diskussionen aufgenommen und führt sie weiter. Hier wird regelmässig über die spirituellen Bedürfnisse heutiger Patientinnen und Patienten nachgedacht. In dieser Gruppe, ich muss das hier einmal erwähnen, geht es ausgesprochen fröhlich und anregend zu und her. Die ursprüngliche Formulierung des Ziels und der Basis des Hospizes von 1965 hält fest, dass sie Ergebnis jener Teamarbeit ist, die «offen ist für weiteres Licht und Entwicklung, wohin uns der Heilige Geist auch führen mag». Die revidierte und auch kürzere Version von 1992 enthält die Zufügung: «Die umfassende spirituelle Dimension von St. Christopher's hat ihre Grundlagen in der Kreativität und im inneren Wachstum seiner Patienten. Unzählige Familien können bezeugen, wie Patienten ihre inneren Stärken entdeckt haben. St. Christopher's hat sich auch entwickelt durch die Erfahrungen der Mitarbeitenden, einer «community of the unlike», einer ‹Gemeinschaft der Ungleichen›.» Das Papier sagt dann weiter, dass dieses Haus «als christliches Werk aufgebaut und gewachsen ist, nicht nur in der Tradition der Fürsorge, sondern auch im Glauben daran, dass der sich in Christus offenbarende Gott die Dunkelheit des Leidens und des Sterbens geteilt hat und noch heute teilt: «Er hat die Realität des Sterbens verwandelt.» Viele von denen, die heute im Hospiz arbeiten, würden sich diesen Glaubensaussagen nicht anschliessen, aber dieses Fundament ist da, es ist sogar da, wenn es verborgen ist. Die Kapelle befindet sich direkt unter den vier Abteilungen und wird regelmässig von Freunden und Angehörigen besucht. Nicht selten wird eine Kerze angezündet, es werden Karten mitgenommen oder Gebetsanliegen aufgeschrieben. Die Seelsorger, die in dem Moment Dienst tun, gehen auf Fragen oder Bitten ein, und durch ihre Bemühungen tragen sie dazu bei, dass Menschen dieses Haus als Ort des spirituellen Friedens wahrnehmen können.

Das Hospiz ist aber auch immer ein Ort, an dem Lachen und Humor Platz hat – nicht selten kommen diese gerade von den Patienten selbst.

Gott hat mitunter eine unerwartete Art, dieser Suche Authentizität zu verleihen. Im Februar 1960 nahm ich einen sechzigjährigen polnischen Flüchtling aus dem ehemaligen 8. Armeecorps in St. Christopher's auf, Antoni Michniewicz, der an Sarcoma[4] litt. Fünf Monate lang war er ein herausfordernder und zuvorkommender Patient. In jener Zeit nahm ich Gespräche mit Patienten auf Kassette auf, es war Teil einer Forschungsarbeit. Die einzige Aufnahme, die ich von ihm habe, ist eine, bei der er über die englische Küche lacht. Aber als im Juli seine Tochter (er war Witwer) ihre Abschlussprüfungen bestanden hatte, sagte sie mir etwas über seine Gefühle für mich. Dies veränderte meine ganze Welt. Während der nächsten Wochen erlebten wir eine ganze Lebensspanne in einem

---

4   Bösartige Krebserkrankung.

Sechsbettzimmer. Was dann kam, habe ich in meinem Gebetstagebuch und in meinen allabendlichen Aufzeichnungen festgehalten, bis er dreieinhalb Wochen später starb.

Seine Reise ging von «Ich will nicht sterben, ich will nicht sterben» hin zu: «Ich will nur, was richtig ist.» Ich begleitete ihn auf diesem Weg, eine Reise, die von körperlichem Zerfall und wachsender Liebe geprägt war. Olive Wyon verwies mich in dieser Zeit auf das Buch *Das göttliche Milieu* von Teilhard de Chardin[5], das in den frühen 1960er Jahren herauskam. Seine Gedanken über das Erleiden im Leben, über das Passive, waren eingebettet in unsere intensive, private und dann öffentliche Erfahrung. Es ist für mich keine leichte Sache, diese Geschichte zu erzählen, so wenig wie für andere, sie zu verstehen. Wenn ich in meinem Tagebuch lese, so sehe ich vor meinen Augen wieder die Erniedrigung, die Antoni in seiner fortschreitenden Abhängigkeit empfand, und meine rigorose Disziplin (die Gardinen um das Bett nur so weit zugezogen wie für alle anderen Patienten, die ich besuchte, auch). Ich schrieb über einige kostbare Stunden zwischen fünf und sechs Uhr am Nachmittag, wenn wir miteinander redeten, darum wissend, dass die Ruhe und Privatsphäre, die wir uns vielleicht wünschten, nicht zu realisieren war. Wir beide versuchten, dies der unglaublich netten Krankenschwester mitzuteilen, aber sie realisierte nicht, was wir gerade erlebten, und sagte nur: «Nichts kann zwischen Herrn Michniewicz und Gott kommen.» Eines Tages, als er das Kruzifix an der gegenüberliegenden Wand anschaute, sagte er plötzlich: «Ich kann meinen Retter sehen.» Und ich erwiderte: «Er ist auch mein Retter, wo auch immer wir sind, wir werden zusammen sein. Wenn du gegangen bist, wird er noch hier sein, und es wird gut sein.» Ich ging jeden Tag in das Hospiz, aber nie konnte ich zuvor anrufen und fragen,

---

5 P. Teilhard de Chardin, Das göttliche Milieu. Ein Entwurf des Innern Lebens, Düsseldorf/Zürich, [11]1990.

ob er noch am Leben sei. «Ich warte, bis du kommst», sagte er, «aber ich kann dir nichts geben, nichts ausser Sorgen.» Zehn Tage bevor er starb, hörte ich auf, Gott um mehr Zeit für uns beide zu bitten, ich liess ihn los. Gott gab uns ruhige Herzen und einen zeitlosen Moment, als Antoni endlich vertrauensvoll wahrnehmen konnte, dass er auch ein Gebender war. Ich war da an seinem letzten Tag, nicht jedoch, als er starb. Es war Mariae Himmelfahrt, für einen überzeugten Katholiken ein besonderer Tag, um zu sterben. Bevor er starb, half ich ihm, sich noch einmal zum Kruzifix aufzurichten, es war das einzige Mal, dass ich ihn in meinen Armen hielt. Gerade bevor er das Bewusstsein verlor, gab er mir, wie ich es beschreiben würde, ein himmlisches Lächeln. Und wenn ich zurückdenke, bin ich mir gar nicht sicher, was es alles beinhaltete. Es war nicht Trauer, er sah glücklich aus und da war, so denke ich, ein Hauch von Humor und sein Blick war auf eine Art stark. Und dann dieser Blick von reiner Liebe, den ich so oft bei ihm entdeckte. Er starb eine Stunde nach unserem Abschied in Anwesenheit seiner Tochter und der Stationsschwester.

Am nächsten Tag ging ich wie immer auf die Station, aber ich erinnere mich, dass ich an der Türe stehen blieb und einen anderen Patienten in seinem Bett liegen sah. Damals dachte ich: «Ich kann nicht hineingehen, es tut so weh.» Dann schaute ich auf das Kruzifix, und es liess mich den Schmerz aushalten. Ich beschloss, an einem der nächsten Tage zu einer sehr einfühlsamen Freundin zu fahren, die um meine Situation wusste. Vieles, was ich später auf meiner geistigen Reise sammelte, habe ich in der Anthologie *Beyond the horizon* zusammengestellt. Darin sind zahlreiche Gedichte von Patientinnen und Patienten enthalten, die ich in St. Christopher's begleitete. Es ist eine Art Suche, ein Ausschauhalten nach dem Sinn des Leidens.[6]

---

6   C. Saunders, Beyond the horizon, London 1990.

Nach den Aufzeichnungen meines Gebetstagebuches gleichen die folgenden zweieinhalb Jahre einem anstrengenden Weg durch einen kalten und dunklen Tunnel, mit nicht endenwollender Arbeit im St. Joseph's Hospice und schliesslich der Realisierung meiner Vision von St. Christopher's. Noch im gleichen Jahr starben zwei für mich wichtige Menschen, Frau G. und mein Vater. Mein Trauerprozess geriet ausser Kontrolle, und ich begann, verschiedene Gefühle zu vermischen. Ich versuchte Hymnen und mystische Gedichte auswendigzulernen, auch versuchte ich mich am Rosenkranz, den ich für das orthodoxe Jesus-Gebet verwendete. So fand ich langsam eine Leiter heraus aus dem dunklen Loch der Trauer. Die zwei Holme der Leiter, die mir Kraft gaben hiessen: *Oh my love how happy you are* und *O God I am so grateful*. Jedes Mal wenn ich mich dadurch gestärkt fühlte, merkte ich, wie ich auch fähig wurde, eine weitere Sprosse der Leiter zu sehen.

Nach all den Jahren unzähliger Besuche in St. Julian's (heute St. Cuthman's) in Sussex, wohin ich mich zum ruhigen Lesen und friedlicher Vogelbeobachtung zurückgezogen hatte; nach viel Musik und vielen unvergesslichen Reisen, bei denen ich neue Pioniere in der Hospizarbeit und in der Palliative Care kennenlernen konnte, nach einer späten, aber zutiefst glücklichen Heirat mit einem anderen Polen brauche ich auch jetzt von Zeit zu Zeit noch Unterstützung, um über die verschiedenen Verluste hinwegzukommen. Ich bedaure meine Erfahrungen nicht und bin mir bewusst, dass Trauerarbeit auch kreative Energie freisetzen kann. Wir sehen dies ja des öfteren bei Eltern, die ein Kind verloren haben, und später ihre Kraft in Organisationsarbeit stecken, um anderen weiterzuhelfen.

Eine Patientin in St. Joseph's hat es für mich in einem Gedicht zum Ausdruck gebracht: «Erzähl mir davon, Frau Doktor – ich weiss, du weisst.»

Die Patientinnen und Patienten, die ich in den nächsten Jahren traf, waren alle zusammen Gründungsfiguren für die moderne Hospizbewegung.[7] Neben David, Antoni und Mrs. G. möchte ich noch eine andere Patientin erwähnen, Louie. Sie alle waren für mich Schlüsselfiguren, durch die ich viel lernte. Louie war ihr Leben lang ans Bett gefesselt, sie hatte ganz zerbrechliche Knochen. Sie kam zum St. Joseph's Hospice, kurz bevor ich dort anfing. Sie und zwei Mitpatientinnen waren von Anfang an in alle Details der Planung von St. Christopher's eingeweiht. Sie war wie ich Anglikanerin und wurde herzlich im katholischen Hospiz aufgenommen. Irgendwann führte ich mit ihr eine Diskussion, und ich fragte sie plötzlich: «Was wird das Erste sein, was du zu ihm sagen wirst, Louie?» Ohne zu zögern, sagte sie ganz einfach zu mir: «Ich kenne dich.» Ich glaube, dass sie für alle spricht, die zu seinem Licht hin erwachen und dass auch verzweifelte, verwundete Ungläubige verwundert sagen werden: «Ich kenne dich, du warst da.» Wir können die Grenzen seiner selbstopfernden Liebe nicht überschreiten. Manche Menschen mögen sagen: «Aber wie steht es dann mit dem freien Willen, der Ablehnung aus freiem Willen?» Ich kann darauf nur antworten, dass ich glaube, dass am Ende die wahre Schau zu ihm führen wird. Wenn wir uns verlieben, fühlen wir, dass wir nichts dagegen tun können. Und doch, wenn wir zurückblicken, war es ein Moment wahrer Freiheit. So glaube ich, ist es auch mit Gott. Eine Säule der Weisheit ist für mich Juliana von Norwichs Buch *Offenbarung der göttlichen Liebe*.[8] Ich habe dieses Buch immer wieder gelesen, in verschiedenen Übersetzungen, und selbst das Original, mit einigen Hilfsmitteln. Sie sah keinen Zorn in Gott, sie sah,

7   David Clark, Originating a Movement. Cicely Saunders and
    the development of St Christopher's Hospice 1957–67, in:
    Mortality, 1998 (Bd. 3, Nr. 1), S. 43–63.
8   Juliana von Norwich, Revelations of Divine Love, New York 1997.

wie er uns mit Mitleid ansieht, ohne Tadel. Juliana fragte mit kummervollem Herzen, wie denn alles gut werden könne, so wie Gott es ihr vorausgesagt habe, und er versprach ihr eine grosse Tat am Ende. Während sie zur Lehre der Kirche stand, drängte es sie zu der hoffnungsvollen, universalen Vision, dass alle gerettet wurden.

Wie Bischof John Austin Baker in seinem wegweisenden Buch *Der Glaube eines Christen* schrieb:

Das traditionelle Bild vom Gericht ist von Anomalien und Widersprüchen durchzogen – es fordert von uns zu glauben, dass Gottes Einstellung zu uns sich in dem Moment unseres Sterbens vollständig verändert. Während unseres hiesigen Lebens schenkt er uns Vergebung und Versöhnung, wenn wir von Herzen bereuen und anderen vergeben. Aber nun könnte es so aussehen, als ob im Moment unseres Todes alle Liebe und Barmherzigkeit verschwunden seien. Von da an würden alle unbereuten Sünden uns für immer von den Freuden des Lebens in Gottes Familie ausschliessen.[9]

In seinem Buch *Die Torheit Gottes*, schreibt er ausserdem: «Der gekreuzigte Jesus ist das einzig wahrhaftige Bild Gottes, das die Welt je gesehen hat, und die Hände, die uns in unserer Existenz halten, sind mit Nägeln durchbohrt.»[10] Solch hoffnungslos verletzliche Liebe wird sicher niemals besiegt werden können.

Der einfache Zuspruch für Antoni: «Ich liebe dich, weil du du bist», wurde während der vielen Jahre des Zuhörens und der Begleitung von Patienten gleichsam in einen anderen Satz übersetzt: «Du bist wichtig, weil du bist, und du bleibst wichtig bis zum Ende deines Lebens. Wir werden alles in unseren Kräf-

9   J. A. Baker, The faith of a Christian, London 1996, S. 125.
10 J. A. Baker, The foolishness of God, London 1970, S. 406.

ten Stehende tun, nicht nur zu helfen, dass du friedlich sterben kannst, sondern auch, dass du bis zuletzt leben kannst.»[11]

Dieser Zuspruch hat seinen Grund in einer Studie, die ich damals mit 1100 Patienten durchführte. Zu einer Zeit, als es noch keine Computer gab, notierte ich alles in einem Karteisystem. Es gelang mir aufzuzeigen, dass die Lehrmeinung, orale Morphinabgabe zeige wenig Wirkung, widerlegt werden kann. Ausserdem wurde immer behauptet, dass bei regelmässiger Morphinabgabe mit der Zeit eine stets höhere Menge benötigt wurde, da es zur Gewöhnung komme. Deshalb müssten Patienten ihre Schmerzen aushalten, sie hätten kein Anrecht darauf, regelmässig Morphin und andere Schmerzmittel zu erhalten. Diese Ansicht erwies sich als falsch. Wir zeigten damals auf und fahren fort zu beweisen, dass Patientinnen und Patienten mit fortgeschrittener Krebserkrankung relativ schmerzfrei leben können. Sie können so länger zu Hause bleiben, aber auch länger in Tageskliniken oder als stationäre Patienten versorgt werden.

Zum ersten Mal wurde die Komplexität des Schmerzes im Jahr 1964 beschrieben.[12] Zur Komplexität des Schmerzes gehören der physische, der emotional-mentale, der sozial-familiäre und der spirituelle Aspekt. Der Schmerz der Mitarbeitenden wurde später mitberücksichtigt. Wir lernen kontinuierlich, aber weder kann alles Leiden weggewischt noch mit Medikamenten behandelt werden. Es kann jedoch umgewandelt werden in Schätze der Dunkelheit, auch wenn es immer noch viel über Schmerz herauszufinden gibt. Man gewöhnt sich nie an jenen Schmerz, der in den Augen von Menschen sichtbar wird, und ich bin sicher, dass der Trennungsschmerz der schlimmste Schmerz überhaupt ist. Trauerarbeit ist in mancherlei Hinsicht schwieriger als das Sterben.

11 C. Saunders, The Problem of Euthanasia (Care of the dying), in: Nursing Times, Juli 1976 (Bd. 72, Nr. 26), S. 105.

12 C. Saunders, The symptomatic treatment of incurable malignat disease, in: Prescribers Journal, 1964 (Bd. 4), S. 68–73.

Spiritueller Schmerz ist eine herausfordernde Realität. Viktor E. Frankls Werk *Der Mensch vor der Frage nach dem Sinn*[13] wurde aus der Erfahrung eines Konzentrationslagers heraus geschrieben. Seine feste Überzeugung, dass es zur letzten Freiheit des Menschen gehört, seinen eigenen Weg zu wählen, unter welchen Umständen auch immer, diese Überzeugung ist auch anerkannt und aufgenommen in der Hospizarbeit. Ein qualitativer Forschungsbericht über existenzielle Erfahrungen erreichte mich, als ich gerade dabei war, an diesem Vortrag zu arbeiten. Er bejaht Viktor Frankls Aussagen, aber er geht weiter und behauptet, dass Sinn nicht ein Ziel in sich sein könne. Er sei vielmehr ein Katalysator für eine erhöhte Wahrnehmung der Verbindungen und auch ein Katalysator für den jetzigen Moment, in dem Heilung geschieht.

Ich habe oft gesagt, dass wir Zeuge von ganzheitlicher Heilung und auch von vielen kleinen Auferstehungserfahrungen werden. Ich denke zurück an den Mann, der die Motoneuronenerkrankung hatte. Er schaute einen Mitpatienten an, der noch schlechter dran war als er. Darauf sagte er zu mir: «Wenn ich so schlecht dran bin wie der, werde ich mir etwas antun.» Als er aber so hilflos und eingeschränkt war wie sein früherer Mitpatient, sagte er: «Ich kann zwar nicht mehr um die nächste Ecke sehen, aber ich weiss, ich werde es schaffen.» Während viele Menschen sehr viel Vertrauen zu den Seelsorgenden haben, gebrauchen heute nur noch wenige eine ausgesprochen religiöse Sprache. Wie dieser Patient verwenden sie Metaphern, um ihre persönliche, geistliche Reise zu benennen (er nannte seine Krankheit «eine, in der alles zusammenkommt»), und wir sehen oft Versöhnung und Frieden, auch ohne Worte. Es ist ein Zusammenkommen mit all denjenigen, die im Paradies erinnert werden (die so häufig Teil meiner täglichen Gebete sind), aber vor allem mit dem «schöpferischen Leiden

13   V. E. Frankl, Der Mensch vor der Frage nach dem Sinn, München [20]2007.

Gottes». Wie der baptistische Theologe Paul Fiddes in seinem kraftvollen Buch mit dem gleichnamigen Titel schrieb: «Der Tod wird zu einem Ort, an dem wir Gott vertrauen, dass er unsere Beziehung mit ihm und anderen erhält – das Zeichen der Auferstehung von Jesus bejaht, dass Gott etwas Neues für seine Schöpfung tut angesichts der Endgültigkeit des Todes.»[14]

Worte sind meine Art, ins Gebet zu finden. Mein Psalter ist voller Notizen, viele Namen und Daten sind dort festgehalten. Ich erinnere mich in besonderer Weise an eine Psalmstelle, die ich wenige Wochen nach Antonis Tod las. Dort sprach Psalm 132 zu mir: «Wir wollen in sein Heiligtum gehen und es anbeten vor dem Schemel seiner Füsse.» Jeden Monat, beim Durchlesen der Psalmen, bin ich dankbar für diese Psalmstelle.

Es gibt keine einfachen Antworten – zu vielen Zeiten kann nur das Kruzifix dich halten, wenn das einzige Gebet «Jesus – Erlöser» und «Du weisst» und die einzige Antwort nicht Worte, sondern seine Gegenwart sind. Heute arbeiten in Hospizen und in der Palliative Care viele Menschen, die der Meinung sind, dass religiöse Antworten nicht zu ihnen sprechen. Und doch geben sie viel spirituelle Hilfe.

Als ich unseren Seelsorger fragte, was die Grundlage seiner Arbeit sei, sagte er einfach: «Brokenness:» Er meinte damit, dass er oftmals nichts anderes zu geben habe, als eine hörende, aufmerksame Präsenz. Sicherlich bedeutet «Watch with me»/«Wachet mit mir» nicht, dem anderen etwas abzunehmen, zu erklären oder und nicht einmal zu verstehen – es meint einfach: ‹Sei da.› Begleitung in dieser Grundhaltung, kann die verstecktesten Winkel erreichen.

Man muss nicht so gebrochenen Herzens sein, wie ich es war, obwohl ich dafür nun dankbar bin. Aber man darf den vielen kleinen Toden in unserer freien und gefahrvollen Welt

14 P. S. Fiddes, The creative suffering of God, Oxford 1988, S. 267.

nicht ausweichen. Vielleicht fühlt man sich hilflos und höchstens noch fähig, den Schmerz des anderen zu teilen – aber dies ist die Verbundenheit, in der der hilflose Christus inkognito kommt, um die Sterbenden seiner Familie zu treffen. Wie Vater Congreve schrieb:

> *Christus erhielt, durch sein Opfer für uns, durch seine Selbsterniedrigung in der Inkarnation, eine neue Kraft, um selbst mit hineinzugehen in verwundete und traurige Herzen, in äusserste Niedergeschlagenheit und Ödnis. Er kommt durch seinen rettenden Tod zu sterbenden Menschen ... Das Geheimnis der Liebe Christi, gerade im Tod, kann sich hineinstehlen in die Stille und die äusserste Leere füllen ... In der Stunde des Todes und am Tage des Gerichts, guter Herr, erlöse uns.[15]*

Vor vielen Jahren machte ich auf einem Fest einige Bilder eines Patienten. Er wollte mir die Fotografien bezahlen. Ich hingegen wollte ihm einfach ein Geschenk machen. Wir beide wollten geben, keiner wollte annehmen. Schliesslich streckte ich meine Hand aus und sagte: «Genau darum geht es im Leben: dass wir lernen, anzunehmen.» Dann legte er seine Hände neben die meinen, die Handflächen nach oben und sagte: «Ja, darum geht es im Leben, vier Hände, die empfangen.» Wenn wir unsere Hände zusammen ausstrecken, dann tun wir es zum gekreuzigten, auferstandenen Christus.

Unter den vielen, die täglich für uns beten, gehören die Nonnen des kontemplativen anglikanischen Ordens in Tymawr, Monmouth. Von ihnen stammt das Gedicht *Neue Quellen*, das ich auch im meiner Anthologie zitiere, womit nun enden möchte.

---

15 Br. Congreve, zititiert in: O. Wyon, Consider Him: three meditations on the Passion Story, London 1956, zitiert in: C. Saunders, Beyond the horizon, London 1990, S. 45.

That perfect balance
Between agony and joy
Given
Through His Cross and Resurrection.
The loving touch
Of His hands
Heals
Our wounded hearts and spirits
Making them whole.
His loving patience
With us,
His compassion for us
Blesses us
With fresh springs of love:
Unutterable joy. [16]

Sr. Gillian Mary S.S.C.

---

16 «Diese vollendete Balance
   Zwischen Qual und Freude
   Durch sein Kreuz und seine Auferstehung.
   Die liebende Berührung seiner Hände heilt.
   Unsere verwundeten Herzen und Seelen
   Macht sie heil.
   Seine liebende Geduld
   Mit uns,
   Sein Mitleiden für uns
   Segnet uns
   Mit neuen Quellen der Liebe:
   Unbeschreibliche Freude.»
   Sr. Gillian Mary S.S.C., Society of the Sacred Cross, Fresh Springs, in:
   C. Saunders, Beyond the horizon, London 1990, S. 79.